KB212914

방거사 부부와 딸 영조

근현대 전법 선맥(傳法禪脈)

75조 경허 성우(鏡虛 惺牛) 전법선사

 오도송

홀연히 콧구멍 없는 소 되라는 말끝에　　忽聞人語無鼻孔
삼천계가 내 집임을 단박에 깨달았네　　頓覺三千是我家
유월의 연암산을 내려가는 길에서　　六月鷰岩山下路
일없는 야인이 태평가를 부르노라　　野人無事太平歌

76조 만공 월면(滿空 月面) 전법선사

 전법게

구름과 달, 산과 계곡이라, 곳곳에서 같음이여　　雲月溪山處處同
선가의 나의 제자 수산의 큰 가풍일세　　叟山禪子大家風
은근히 무문인을 그대에게 분부하니　　慇懃分付無文印
이 기틀의 방편이 활안 중에 있노라　　一段機權活眼中

* 제75조 경허 성우 전법선사 전함 / 제76조 만공 월면 전법선사 받음

77조 전강 영신(田岡 永信) 전법선사

 전법게

불조도 전한 바 없어서　　佛祖未曾傳
나 또한 얻은 바 없음을…　　我亦無所得
가을빛 저물어 가는 날에　　此日秋色暮
뒷산의 원숭이가 울고 있네　　猿嘯在後峰

* 제76조 만공 월면 전법선사 전함 / 제77조 전강 영신 전법선사 받음

78대 대원 문재현(大圓 文載賢) 전법선사

전법게

부처와 조사도 일찍이 전한 것이 아니거늘　　佛祖未曾傳
나 또한 어찌 받았다 하며 준다 할 것인가　　我亦何受授
이 법이 2천년대에 이르러서　　此法二千年
널리 천하 사람을 제도하리라　　廣度天下人

부송(付頌)

어상을 내리지 않고 이러-히 대한다 함이여　　不下御床對如是
뒷날 돌아이가 구멍 없는 피리를 불리니　　後日石兒吹無孔
이로부터 불법이 천하에 가득하리라　　自此佛法滿天下

* 제77조 전강 영신 전법선사 전함 / 제78대 대원 문재현 전법선사 받음

이 오도송과 전법게는 대원 문재현 선사님께서 법리에 맞도록 새롭게 번역한 것입니다.

불조정맥 제 77조 대한불교 조계종 전강 대선사님께서는, 16세에 출가하여 23세 때 첫 깨달음을 얻고 25세에 인가를 받으셨다. 당대의 7대 선지식인 만공, 혜봉, 혜월, 한암, 금봉, 보월, 용성 선사님의 인가를 한 몸에 받으셨으며, 이 중 만공 선사님께 전법계를 받아 그 뒤를 이으셨다. 당대의 선지식들이 모두 극찬할 정도로 그 법이 뛰어나서 '지혜제일 정전강'이라 불렸다.

33세의 최연소의 나이로 통도사 조실을 하셨고, 법주사, 망월사, 동화사, 범어사, 천축사, 용주사, 정각사 등 유명선원 조실을 역임하시고 인천 용화사 법보선원의 조실로 일생을 마치셨다.

1975년 1월 13일, 용화사 법보선원의 천여 명 대중 앞에서 "어떤 것이 생사대사(生死大事)인고?" 자문한 후에 "악! 구구는 번성(翻成) 팔십일이니라."라고 법문한 뒤, 눈을 감고 좌탈입망하셨다.

다비를 하던 날, 화려한 불빛이 일고 정골에서 구슬 같은 사리가 무수히 나왔다. 열반하시기까지 한결같이 공안 법문으로 최상승법을 드날리셨으니 그 투철한 깨달음과 뛰어난 법, 널리 교화하기를 그치지 않으셨던 점에 있어서 한국 근대 선종의 거목이라 일컬어지고 있다.

불조정맥 제78대 대원 문재현 전법선사님
- 양대 강맥 전강대법회에서 법문 중 할을 하시는 모습

오로지 정법만을 깨닫기 서원합니다.

입을 열면 정법만을 설하기 서원합니다.

중생이 다하는 그날까지 교화하기 서원합니다.

－대원 문재현 전법선사의 3대 서원

불교 8대 선언문

불교는 자신에게서 영생을 발견하게 한 유일한 종교이다.
불교는 자신에게서 모든 지혜를 발견하게 한 유일한 종교이다.
불교는 자신에게서 모든 능력을 발견하게 한 유일한 종교이다.
불교는 자신에게서 모든 것을 이루게 한 유일한 종교이다.
불교는 자신에게서 극락을 발견하게 한 유일한 종교이다.
불교는 깨달으면 차별 없어 평등하다는 유일한 종교이다.
불교는 모든 억압 없이 자신감을 갖게 한 유일한 종교이다.
불교는 그러므로 온 누리에 영원할 만인의 종교이다.

- 대원 문재현 전법선사 주창

전세계의 불교계에서 통일시켜야 할 일

경전의 말씀대로 32상과 80종호를 갖춘 불상으로 통일해야 한다.

예불 드리는 법을 통일해야 한다.

불공의식을 통일해야 한다.

– 대원 문재현 전법선사 주창

2015년 성불사 국제정맥선원 하계수련회 중 대원 문재현 선사님의 선화지도

龐居士語錄

도서출판 문젠(구, 바로보인)은 정맥선원에서 운영하고 있습니다.

* 인제산(人濟山) 성불사(成佛寺) 국제정맥선원
  경기도 포천시 내촌면 소리개길 86-178 ☎ 031-531-8805
* 인제산(人濟山) 이문절 포천정맥선원
  경기도 포천시 내촌면 소리개길 86-123 ☎ 031-532-1918
* 도봉산(道峯山) 도봉정사(道峯精舍) 서울정맥선원
  서울시 도봉구 도봉로 921 문젠빌딩 2층 ☎ 02-3494-0122
* 백양산(白楊山) 자모사(慈母寺) 부산정맥선원
  부산시 동래구 아시아드대로 114번길 10 대륙코리아나 2층 212호 ☎ 051-503-6460
* 자모산(慈母山) 육조사(六祖寺) 청도정맥선원
  경북 청도군 매전면 동산리 산 50 ☎ 010-4543-2460
* 광암산(光巖山) 성도사(成道寺) 광주정맥선원
  광주광역시 광산구 삼도광암길 34 ☎ 062-944-4088
* 대통산(大通山) 대통사(大通寺) 해남정맥선원
  전남 해남군 화산면 송계길 132-98 중정마을 ☎ 061-536-6366

바로보인 불법 ㉒
방거사어록(龐居士語錄)

초판 2쇄 펴낸날 단기 4349년, 불기 3043년, 서기 2016년 12월 10일

역　　　저 대원 문재현 선사
펴　낸　곳 도서출판 문젠(Moonzen Press)
　　　　　　487-835, 경기도 포천시 내촌면 소리개길 86-178
　　　　　　전화 031-534-3373 팩스 031-533-3387
신 고 번 호 2010.11.24. 제2010-000004호

편 집 윤 문 진성 윤주영
제 작 교 정 도명 정행태, 명심 위하나
인　　　쇄 가람문화사

문젠출판사 www.moonzenpress.com
정 맥 선 원 www.zenparadise.com
사막화방지국제연대(IUPD) www.iupd.org

바로보인 불법 ㉒

방거사어록
龐 居 士 語 錄

대원 문재현 선사 역저

서 문

　말 밖의 말을 어쩌면 이렇게 자연스러운 일상의 말로 잘할 수 있었을까. 감탄사가 절로 나온다.
　여기 방 거사의 말은 본연의 바탕에서 꽃피우는 일상의 함이라 하리라.

　풍간과 한산과 습득처럼
　맷돌 맞듯, 대쪽 맞듯 어울려
　이러-히 살아가는 함이여

　온 풀잎에 드러난 조사의 뜻
　동서 봉에 일월등 걸어놓고
　무현금 퉁기면서 즐겼구려

이러-히 일상에 여여하게
봄노래 잘하는 이들이
방거사 가족이라 할 걸세

단기(檀紀) 4343년
불기(佛紀) 3037년
서기(西紀) 2010년

무등산인 대원 문재현 분향근서
(無等山人 大圓 文載賢 焚香謹書)

차 례

방거사 어록

석두 선사와의 문답

▌ 만법과 더불어 짝하지 않는 사람
▌ 날마다 하는 일이 신통묘용

▌ 만법과 더불어 짝하지 않는 사람

양주에 살았던 방온 거사는 자가 도현이며, 형주 형양현 출신이다. 대대로 유학자가 배출된 가문이었다. 그는 젊어서 속세의 번뇌를 알게 되자 참 깨달음을 구하는 데 뜻을 두게 되었다.

당나라 정원 초, 석두 선사를 만나뵙고 다음과 같이 물었다.

"만법과 더불어 짝하지 않는 사람이 어떤 사람입니까?"

석두 선사가 손으로 그의 입을 막자 활연히 깨달았다.

襄州居士龐蘊　字道玄　衡州衡陽縣人也　世本儒業　少悟塵勞志求眞諦　唐貞元初　謁石頭禪師　乃問　不與萬法爲侶者是甚麼人　頭以手掩其口　豁然有省

대원선사 토끼뿔

나에게 "만법과 더불어 짝하지 않는 사람이 어떤 사람입니까?"라고 묻는다면 "마을 앞 정 자나무니라." 했을 것이다.

▌ 날마다 하는 일이 신통묘용

어느 날, 석두 선사가 물었다.
"그대가 나를 만난 뒤에 날마다 하는 일이 무엇인가?"
방 거사가 대답하였다.
"날마다 하는 일을 물으신다면 입을 열 곳도 없습니다."
석두 선사가 말하였다.
"그대가 그렇다는 것을 알기 때문에, 이렇게 묻고 있는 것이다."
방 거사는 게송 한 수를 올렸다.

날마다 하는 일, 다른 것 없어서
오직 나 스스로와 스스로 만나질 뿐
경계와 경계마다 취하고 버림 없어
곳곳마다 세우고 무너질 것 없습니다

바르니 삿되니[1] 그 누가 이름하랴
언덕과 산이라 하나 티끌도 없습니다
신통과 묘용이라 말하는 것들이
물 긷고 나무하는 이 일일 뿐입니다

석두 선사가 수긍했다. 그리고 말하였다.
"그대는 승려가 되겠는가, 속인으로 있겠는가?"[2]
방 거사가 대답하였다.
"곳을 따라 탐하기를 바라겠습니까?"
이리하여 그는 삭발도 하지 않고 승복도 입지 않았다.

一日 石頭問曰 子見老僧以來 日用事作麼生 士曰 若問日用
事 卽無開口處 頭曰 知子恁麼方始問子 士乃呈偈曰 日用事無
別 唯吾自偶諧 頭頭非取捨 處處沒張乖 朱紫誰爲號 丘山絶點
埃 神通幷妙用 運水與搬柴 頭然之曰 子以緇耶素耶 士曰 願從
所慕 遂不剃染

---

1) 원문에 주자(朱紫)라고 되어 있는데, 이는 직역하면 '붉은 빛과 자줏빛'을 말한다.
   그러나 이는 주(朱)는 정색, 자(紫)는 간색인 데에서 정과 사, 선인과 악인을 이르는
   말로 쓰인다.
2) 원문에 치야(緇耶), 소야(素耶)라고 되어 있다. 치는 검은 빛, 소는 흰 빛인데 치소는
   ① 검은 옷과 흰 옷 ② 승려와 속인의 뜻으로 쓰인다. 여기서는 ②의 뜻으로 쓰였
   다.

대원선사 토끼뿔

날이면 날마다 신통 써서
일하고 즐기는 일이오니
이 아니 풍류라고 하겠는가

방거사 어록

마조 선사와의 문답

▋ 한 입에 서강의 물을 다 마셔라

▋ 매한 적 없는 본래의 몸

▋ 뼈도 힘줄도 없는 물

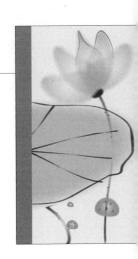

▌ 한 입에 서강의 물을 다 마셔라

방 거사는 그 후 강서로 가서 마조 대사를 뵙고 물었다.

"만법과 더불어 짝하지 않는 사람이 어떤 사람입니까?"

마조 대사가 대답하였다.

"그대가 한 입에 서강의 물을 다 마셔버리면, 그대에게 말해주리라."

방 거사는 그 말끝에 단박에 현묘한 도리를 깨달았다. 그때 바쳤던 게송에, '빈 마음에 급제했다'라는 구절이 있다.

이리하여 마조 대사 문하에 머물면서 2년 동안 공부하였으니, 당시의 게송이 있다.

아들이 있으나 장가들지 않았고
딸이 있지만 시집가지 않았네
온 집안이 다 함께 화목한 가운데
무생의 이야기로 다 같이 즐긴다네

居士後之江西參馬祖大師　問曰　不與萬法為侶者是什麼人　祖
曰　待汝一口吸盡西江水　卽向汝道　士於言下頓領玄旨　遂呈偈
有心空及第之句　乃留駐　參承二載　有偈曰　有男不婚　有女不嫁
大家團圞頭　共說無生話

대원선사 토끼뿔

서강의 물, 한 입에 다 마심에
대천이 화려한 정원이라
오손도손 무생담 즐겼구려

▎매한 적 없는 본래의 몸

어느 날, 방 거사가 또 마조 대사에게 물었다.

"매한 적 없는 본래의 몸에 대한 화상의 높은 안목을 청합니다."

마조 대사가 곧바로 아래를 내려다보았다.

방 거사가 말하였다.

"최고의 무현금을 절묘하게도 타십니다."

마조 대사가 곧바로 위를 쳐다보았다.

방 거사가 절을 하였다.

마조 대사가 방장으로 돌아가는데, 방 거사가 뒤따르며 말하였다.

"아까는 너무 잘하려다가 도리어 졸렬해졌습니다."

士一日又問祖曰 不昧本來人 請師高著眼 祖直下覷 士曰 一
等沒絃琴 惟師彈得妙 祖直上覷 士禮拜 祖歸方丈 士隨後曰 適
來弄巧成拙

＿＿＿＿ 대원선사 토끼뿔

본래의 사람에게 높고 낮음 있으며, 절묘하고
절묘하지 아니함이 있던가.
옛 말에 말이 많으면 쓸 말이 적다 했네.

높은 안목 청한다 할 때에 한 대 치고
절묘하게 탄다고 할 때에도 한 대 치며
졸렬타 할 때에도 한 대 쳐야 했었네

▌ 뼈도 힘줄도 없는 물

하루는 방 거사가 또 마조 대사에게 물었다.

"물은 뼈도 힘줄도 없는데 만 섬의 짐을 실은 배를 띄우니, 그 이치가 어떠합니까?"

마조 대사가 말하였다.

"여기는 물도 없고 배도 없는데 무슨 뼈와 힘줄을 말하는가?"

士一日又問祖曰 如水無筋骨 能勝萬斛舟 此理如何 祖曰 這裏無水亦無舟 說什麽筋骨

대원선사 토끼뿔

험!

(조금 있다 말하기를)

그 입술이 그렇게 답해주니, 내가 다시 거들
것 없구려.

방거사 어록

약산 선사와의 문답

▌ 1승의 종지 문답

▌ 좋구나, 날리는 눈이여

1승의 종지 문답

방 거사가 약산 선사를 찾아가자 약산 선사가 물었다.

"1승 안의 이 일을 깨달아 누리는가?"

방 거사가 말하였다.

"저는 그저 날마다 약간의 쌀을 요할 뿐이니, 깨달았다는 것도 알 바 없습니다."

약산 선사가 말하였다.

"그렇다면 거사는 석두를 만나지 않고서도 깨달았다 하겠는가?"

방 거사가 말하였다.

"하나를 놓아버리고서 하나를 잡는 것은 좋은 솜씨라 할 수 없습니다."

약산 선사가 말하였다.

"노승이 주지 일이 바빠서…."

방 거사가 인사를 하고 물러나려 하자, 약산 선사가 말하였다.

"하나를 놓아버리고서 하나를 잡는 것이라…. 좋은 솜씨군."

방 거사가 말하였다.

"참 좋은 1승의 종지 문답을 오늘 잃어버리는군요."

약산 선사가 말하였다.

"그렇군, 그래."

居士到藥山禪師 山問曰 一乘中還著得這箇事麽 士曰 某甲祇
管日求升合 不知還著得麽 山曰 道居士不見石頭 得麽 士曰 拈
一放一 未爲好手 山曰 老僧住持事繁 士珍重便出 山曰 拈一放
一的是好手 士曰 好箇一乘問宗 今日失却也 山曰 是是

대원선사 토끼뿔

"1승 안의 이 일을 깨달아 누리는가?" 하면
"1승에 그런 분별 있습니까?" 하고

"그렇다면 거사는 석두를 만나지 않고서도
깨달았다 하겠는가?" 하면
"다만 이렇게 대담도 했습니다." 하며

"하나를 놓아버리고서 하나를 잡는 것이라….
좋은 솜씨군." 하면
"입을 두고 재앙의 문이라고 했죠." 했을 것
이다.

▍좋구나, 날리는 눈이여

방 거사가 약산 선사를 하직하므로 약산 선사가 열 명의 승려로 하여금 산문까지 전송하도록 했다.

방 거사가 공중에서 내리는 눈을 가리키며 말하였다.

"좋구나, 날리는 눈이여! 다른 곳에 떨어지지 않거늘…."

전 선객이 말하였다.

"그럼 어디에 떨어집니까?"

방 거사는 따귀를 한 대 때렸다.

전 선객이 말하였다.

"거사님은 경솔하지 마십시오."

방 거사가 말하였다.

"그러고도 선객이라 하면 염라대왕이 가만두지 않을 걸세."

전 선객이 말하였다.

"거사님은 뭐라 하겠습니까?"

방 거사는 또 한 번 따귀를 치고 나서 말하였다.

"눈은 보나 장님 같고, 입은 말하나 벙어리 같구나."

居士因辭藥山　山命十禪客相送至門首　士乃指空中雪曰　好雪
片片不落別處　有全禪客曰　落在甚處　士遂與一掌　全曰　也不得
草草　士曰　恁麼稱禪客　閻羅老子未放你在　全曰　居士作麼生　士
又掌曰　眼見如盲　口說如瘂

대원선사 토끼뿔

"좋구나, 날리는 눈이여! 다른 곳에 떨어지지 않거늘…" 했을 때 "옳기는 심히 옳습니다만, 떨어질 다른 곳이 있거든 내놔보시지요." 했을 것이다.

방거사 어록

제봉 선사와의 문답

무엇을 찾는가?

　방 거사가 제봉 선사를 찾아와서 그 선원에 들어서자마자
제봉 선사가 말하였다.

　"속인이 뻔질나게 선원에 와서 무엇을 찾는가?"

　방 거사는 좌우를 둘러보며 말하였다.

　"그렇게 말하는 건 누군가, 그렇게 말하는 건 누구야?"

　제봉 선사는 곧장 할을 하였다.

　그러자 방 거사가 말하였다.

　"이 속에 있군."

　제봉 선사가 말하였다.

　"제대로 이른 것인가, 아닌가?"

　방 거사가 말하였다.

　"등 뒤. 적!"

　제봉 선사가 고개를 돌리면서 말하였다.

　"보는 자를 본다."

방 거사가 소리쳤다.

"좀도둑이 크게 졌다. 좀도둑이 크게 졌어."

居士到齊峰 纔入院 峰曰 箇俗人頻頻入院 討箇什麼 士乃回
顧兩邊曰 誰恁麼道 誰恁麼道 峰便喝 士曰 在這裏 峰曰 莫是
當陽道麼 士曰 背後底聻 峰回首曰 看看 士曰 草賊大敗 草賊
大敗

대원선사 토끼뿔

"속인이 뻔질나게 선원에 와서 무엇을 찾는 가?" 했을 때 "보아하니 스님은 선실에 있는 것이 무엇을 찾는군." 했을 것이다.

무승부

제봉 선사가 하루는 방 거사와 동행하던 차에, 방 거사가 한 걸음 앞으로 나서면서 말하였다.

"내가 선사님보다 한 발 앞질렀소이다."

제봉 선사가 말하였다.

"앞뒤가 없거늘 노옹이 다투어 앞서려고 할 따름이지."

방 거사가 말하였다.

"괴롭고도 괴롭구나. 그런 말이 아닌데."

제봉 선사가 말하였다.

"노옹이 재미없어 할까봐 걱정되어서…."

방 거사가 말하였다.

"내가 참지 않는다면 제봉 화상의 짓거리를 어떻게 견디겠습니까?"

제봉 선사가 말하였다.

"만일 내 손에 몽둥이가 있다면, 죽도록 때려주었을 것을."

방 거사가 곧바로 한 대 후려갈기며 말하였다.

"별로 좋지 않잖소."

제봉 선사도 몽둥이를 손에 잡으려는 순간, 어느 틈에 방 거사에게 빼앗겼다.

방 거사가 말하였다.

"이 도적! 오늘은 한바탕 진 거요."

제봉 선사가 웃으면서 말하였다.

"이건 내가 서툰 탓인가, 당신이 공교로운 것인가?"

방 거사가 손뼉을 치며 말하였다.

"무승부네, 무승부!"

峰一日與居士並行次 士乃前行一步曰 我强如師一步 峰曰 無
背向老翁要爭先在 士曰 苦中苦 未是此一句 峰曰 怕翁不甘 士
曰 老翁若不甘 齊峰堪作箇什麽 峰曰 若有棒在手 打不解倦 士
便行一摑 曰 不多好 峰始拈棒 被居士把住曰 這賊今日一場敗
闕 峰笑曰 是我拙 是公巧 士乃撫掌曰 平交 平交

대원선사 토끼뿔

어떻게 보면 두 분 모두가 허물 아닌 것은
아니나, 도 문중의 한판 놀음 보노라니 좋구
나, 좋아.

▌ 제봉의 높이

어느 날, 방 거사가 또 제봉 선사에게 말하였다.

"여기서 제봉 꼭대기까지는 몇 리나 될까요?"

제봉 선사가 말하였다.

"어느 곳을 오간다 하는가?"

방 거사가 말하였다.

"높고 험한 것이 두려워서 묻지도 못하겠군요."

제봉 선사가 말하였다.

"얼마나 되는가?"

방 거사가 말하였다.

"1, 2, 3."

제봉 선사가 말하였다.

"4, 5, 6."

방 거사가 말하였다.

"어찌 7을 말하지 않는가?"

제봉 선사가 말하였다.

"7을 말하면, 곧바로 8이 다시 있게 되니."

방 거사가 말하였다.

"맞네, 맞아."

제봉 선사가 말하였다.

"마음대로 더 해보게."

방 거사는 할을 하고 나가버렸다.

제봉 선사도 뒤쫓아 또한 할을 하였다.

居士一日又問峰曰 此去峰頂有幾里 峰曰 是什麼處去來 士曰
可畏峻硬 不得問著 峰曰 是多少 士曰 一二三 峰曰 四五六 士
曰 何不道七 峰曰 纔道七 便有八 士曰 住得也 峰曰 一任添取
士喝便出 峰隨後亦喝

대원선사 토끼뿔

"여기서 제봉 꼭대기까지는 몇 리나 될까요?"
했을 때 "자, 멀다 하겠소, 가깝다 하겠소?"
했을 것이다.

당당하다고 할 것도 없소

어느 날, 방 거사가 또 질문을 했다.

"당당하다고 할 것도 없소."

제봉 선사가 말하였다.

"그럴 때의 당신의 주인공이나 나한테 내봐보시오."

방 거사가 말하였다.

"어찌 신령함이 부족했다고 하시오?"

제봉 선사가 말하였다.

"잘 물었네. 할 말이 없구먼."

방 거사가 말하였다.

"좋군요, 좋아."

居士一日又問 不得堂堂道 峰曰 還我恁麽時龐公主人翁來 士
曰 少神作麽 峰曰 好箇問訊 問不著人 士曰 好來 好來

대원선사 토끼뿔

이렇게 같은 급수끼리 장기놀이를 하는 것도
괜찮구려 괜찮아.
하. 하. 하.

방거사 어록

단하 선사와의 문답

▌ 땡감에 붉은 흙을 발라 파는 짓

단하 천연 선사가, 하루는 방 거사를 찾아왔다.

집 앞에 이르자마자, 딸 영조가 나물바구니를 들고 있는 것을 보고 그가 물었다.

"거사 계시는가?"

그러자 영조는 바구니를 내려놓고, 손을 모은 채로 서 있었다. 단하 선사가 거듭 물었다.

"거사 계시는가?"

영조는 바구니를 도로 집어들고 걸어가버렸다.

단하 선사도 떠나버렸다.

뒤이어 방 거사가 돌아왔다. 영조가 앞에 있었던 이야기를 전한 즉, 방 거사가 말하였다.

"단하 선사는 계시냐?"

영조가 말하였다.

"가셨습니다."

방 거사가 말하였다.

"땡감에 붉은 흙을 발라 파는 짓이었구나."

丹霞天然禪師 一日來訪居士 纔到門首 見女子靈照携一茱籃
霞問曰 居士在否 照放下茱籃 斂手而立 霞又問 居士在否 照提
籃便行 霞遂去 須臾居士歸 照乃擧前話 士曰 丹霞在麼 照曰
去也 士曰 赤土塗牛妳

대원선사 토끼뿔

"단하 선사는 계시냐?" 했을 때 뒤로 두어 걸음 물러섰을 것이다.
험!

▋ 벙어리, 귀머거리

단하 선사가 방 거사를 보고 뒤를 따라 들어갔다.

방 거사는 그를 보고도, 일어서지도 않고 말도 하지 않았다.

단하 선사가 불자를 일으켜 세웠다.

방 거사는 손에 종 망치를 들어 세웠다.

단하 선사가 말하였다.

"단지 그것뿐인가, 아니면 달리 무엇이 있는가?"

방 거사가 말하였다.

"이번은 전만 같지 못하군요."

단하 선사가 말하였다.

"남의 명성을 깎아내리는 것을 꺼리지 않는군."

방 거사가 말하였다.

"이번에는 당신을 한 번 꺾어야겠소."

단하 선사가 말하였다.

"그렇다면 천연의 입이 벙어리가 되어야겠구먼."

방 거사가 말하였다.

"당신이 벙어리인 것은 본분이지만, 나까지 벙어리로 만들어버리네."

단하 선사는 불자를 던져버리고 떠났다.

방 거사가 소리쳤다.

"이봐요 스님, 스님!"

단하 선사는 돌아보지도 않았다.

방 거사가 말하였다.

"벙어리만 된 것이 아니라 귀머거리까지 되었구먼."

霞隨後入見居士 士見來 不起亦不言 霞乃竪起拂子 士竪起槌子 霞曰 只恁麽 更別有 士曰 這回見師 不似於前 霞曰 不妨減人聲價 士曰 比來折你一下 霞曰 恁麽則瘂却天然口也 士曰 你瘂繇本分 累我亦瘂 霞擲下拂子而去 士召曰 然闍黎 然闍黎 霞不顧 士曰 不惟患瘂 更兼患聾

대원선사 토끼뿔

어떤 것이 명성이 깎아 내려진 곳이며, 또 어디가 방 거사가 단하 선사를 벙어리가 되게 하려고 한 곳인가?
말해보라. 빨리 말해봐.

▌ 거사는 집에 계시는가?

단하 선사가 하루는 또 방 거사를 찾아가서 그 집 대문 앞에서 서로 마주쳤다. 단하 선사가 물었다.

"거사 계시오?"

방 거사가 말하였다.

"'굶주리면 음식을 가리지 않는다지.'"

"방 노인 계시오?"

그러자 방 거사는 "아이고, 아이고!" 하며 그대로 집 안으로 들어가버렸다.

단하 선사도 "아이고, 아이고!" 하며 바로 돌아가버렸다.

丹霞一日又訪居士 至門首相見 霞乃問 居士在否 士曰 饑不擇食 霞曰 龐老在否 士曰 蒼天 蒼天 便入宅去 霞曰 蒼天 蒼天 便回

대원선사 토끼뿔

"거사 계시오?" 할 때 "누구와 말하오?" 했으
면 될 것을 여러 말이 있게 하였군.
험!

종안(宗眼)

단하 선사가 하루는 방 거사에게 물었다.

"어제의 만남과 오늘의 만남이 같습니까?"

방 거사가 말하였다.

"어제의 일을 여법히 들어서 종안으로 만들어 보시지요."

단하 선사가 말하였다.

"종안이라 할 것 같으면, 방공에게 착득된 것이 모두 그것이 아닙니까?"

방 거사가 말하였다.

"나를 당신 눈 속에 두었구려."

단하 선사가 말하였다.

"나의 눈은 좁은데 어디에 몸을 편히 두겠습니까?"

방 거사가 말하였다.

"이 눈을 어찌 좁느니, 이 몸을 어찌 편히 두느니 한단 말이오?"

단하 선사는 말을 하지 않았다.

그러자 방 거사가 말하였다.

"다시 한마디만 더 말해 보시오. 이 대화가 원만하도록."

그래도 단하 선사는 대답하지 않았다.

방 거사가 말하였다.

"그 가운데 한마디는, 말할 수 있는 사람이 없을 거요."

霞一日問居士 昨日相見何似今日 士曰 如法擧昨日事來 作箇
宗眼 霞曰 祇如宗眼還著得龐公麽 士曰 我在你眼裏 霞曰 某甲
眼窄 何處安身 士曰 是眼何窄 是身何安 霞休去 士曰 更道取
一句 便得此話圓 霞亦不對 士曰 就中這一句 無人道得

대원선사 토끼뿔

일 없는 분들의 짐짓 이러쿵저러쿵 주고받으
며 즐겨본 일이긴 하나, 좋은 일도 없음만 못
하다는 말을 두 분들이 잊은 모양이군.
차나 들며 즐기시지….

옛 힘

방 거사가 하루는 단하 선사 앞에서 두 손을 모아 잡고 서서, 잠깐 있다가 나가버렸다. 단하 선사는 돌아보지도 않았다.

방 거사가 돌아와서 자리에 앉았다. 이번에는 단하 선사가 방 거사 앞에서 손을 모아 잡고 서더니, 잠깐 있다가 곧바로 방장으로 들어가버렸다.

방 거사가 말하였다.

"당신이 들어가고 내가 나간 것이 일이 있어서가 아니었네."

단하 선사가 말하였다.

"이 노인은 들락날락 들락날락하는 걸 언제나 끝낼지…."

방 거사가 말하였다.

"아무튼 티끌만한 자비심도 없군."

단하 선사가 말하였다.

"이런 이를 이런 경지까지 끌어들이다니."

방 거사가 말하였다.

"무엇을 끌어들였단 말이오?"

단하 선사는 이에 방 거사의 복두[3]를 집어들면서 말하였다.

"흡사 노스승[4]같구려."

방 거사가 이번에는 그 복두를 단하 선사 머리에 얹으며 말하였다.

"이거야 세간 젊은이와 똑같으시군."

단하 선사가 세 번 대답하였다.

"예. 예. 예."

방 거사가 말하였다.

"아직도 옛 힘 그대로구려."

그러자 단하 선사는 복두를 내동댕이치면서 말하였다.

"이건 오사건과 똑같구나."

그러자 방 거사도 세 번 대답하였다.

"예. 예. 예."

단하 선사가 말하였다.

"옛 힘을 어찌 잊으리오."

---

3) 복두건(幞頭巾) : 속인이 머리에 쓰던 두건.
4) 원문에 사승(師僧)이라고 되어 있는데, 이는 신도가 우러러 스승으로 삼는 승려를 말한다.

방 거사는 손가락을 세 번 튀기면서 말하였다.

"하늘 땅도 움직인 걸…."

居士一日向丹霞前叉手立 少時却出去 霞不顧 士却來坐 霞却
向士前叉手立 少時便入方丈 士曰 汝入我出 未有事在 霞曰 這
老翁出出入入 有甚了期 士曰 却無些子慈悲心 霞曰 引得這漢
到這田地 士曰 把什麽引 霞乃拈起士幞頭曰 却似一箇老師僧
士却將幞頭安霞頭上曰 一似少年俗人 霞應喏三聲 士曰 猶有
昔時氣息在 霞乃抛下幞頭曰 大似一箇烏紗巾 士乃應喏三聲
霞曰 昔時氣息爭忘得 士彈指三下曰 動天動地

대원선사 토끼뿔

좋구나 좋아, 승부심 없는 이 문답!
일 없는 분들의 일상을 어찌 이 이상 드러내
리.
그러나 "당신이 들어가고 내가 나간 것이 일
이 있어서가 아니었네." 했을 때 "이 가운데
일이랄 게 별 것 있습니까? 바로 이런 것이
지. 하. 하. 하." 이랬을 것이다.

▍이 속을 향해 말을 붙이겠는가?

단하 선사가 하루는 방 거사가 오는 것을 보자, 곧 덤벼들 자세를 취했다.

방 거사가 말하였다.

"이것은 덤벼들 자세군요. 벌벌 떠는 자세[5]는 어떤 것이지요?"

그러자 단하 선사가 자리에 앉았다. 방 거사가 원래의 자리로 돌아가 지팡이로 7자를 그리고, 그 밑에 1자를 그리고 나서 말하였다.

"7로 인해서 1을 보고, 1을 볼 때 7을 잊어버린다."

단하 선사는 곧 일어섰다.

방 거사가 말하였다.

"잠깐만 앉으시오. 아직 둘째 글귀가 있단 말이오."

---

5) 벌벌 떠는 자세 : 원문에 빈신(嚬呻)이라고 되어 있다.

단하 선사가 말하였다.

"이 속을 향해 말을 붙이겠는가?"

방 거사는 곡을 세 번 하고 나가버렸다.

丹霞一日見居士來 便作走勢 士曰 猶是抛身勢 作麼生是嚬呻
勢 霞便坐 士向前 以拄杖劃箇七字 於下劃箇一字 曰 因七見一
見一忘七

霞便起 士曰 更坐少時 猶有第二句在

霞曰 向這裏著語 得麼 士遂哭三聲出去

대원선사 토끼뿔

두 분 모두 겨우 이런 말이나 할 분들이 아
닌데 1을 보느니 7을 잊느니, 이 속을 향하느
니 평지풍파일꼬?

연둣빛 버들가지 춤을 추고
무지개 오색다리 화려하며
사월의 노고지리 노래일세

곧 이와 같으니

방 거사가 하루는 단하 선사와 함께 걸어가다가 연못이 하나 눈에 보였다. 방 거사가 그것을 가리키며 말하였다.

"곧 이와 같으니 가려낼 수 없군요."

단하 선사가 말하였다.

"분명히 가려낼 수 없소이다."

그러자 방 거사가 이내 손으로 물을 두 번 움켜 떠서 단하 선사에게 뿌렸다.

단하 선사가 말하였다.

"이와 같다고도 할 수 없구려. 이와 같다고도 할 수 없구려."

방 거사가 말하였다.

"꼭 이와 같소. 꼭 이와 같소."

이번에는 단하 선사가 물을 떠서 방 거사를 향해 세 번 끼얹으며 말하였다.

"바로 이와 같을 땐 어떻게 뭐라 할 수 있겠는가."
방 거사가 말하였다.
"밖의 물건이랄 것이 없소."
단하 선사가 말하였다.
"이득이 별로 없구려."
방 거사가 말하였다.
"득을 못 본 사람이 누구던가요?"

居士一日與丹霞行次 見一泓水 士以手指曰 便與麼也還辨不
出 霞曰 灼然是辨不出 士乃戽水潑霞二掬 霞曰 莫與麼 莫與麼
士曰 須與麼 須與麼 霞却戽水潑士三掬 曰 正與麼時 堪作什麼
士曰 無外物 霞曰 得便宜者少 士曰 誰是落便宜者

대원선사 토끼뿔

그런대로 나가나 했더니 마지막에 용머리에
뱀꼬리 같은 말을 왜 했을까?
일 없는 이들의 놀이이리라.

노을빛 아름다운 연못가를
지음(知音)벗과 한가히 거니는
두 가슴 어우러진 향기인저

단하의 염주

단하 선사가 하루는 염주를 손에 들고 있으니까, 방 거사가
가까이 다가와서 빼앗고 말하였다.

"둘이 다 빈 손이니 그만두지요."

단하 선사가 말하였다.

"시샘이나 하는 늙은이, 좋고 나쁜 것도 모르면서."

방 거사가 말하였다.

"스님이 공안을 잡으려 해도 아직 잡히지 않나본데, 다음에
는 그렇게 하지 마십시오."

단하 선사가 말하였다.

"우, 우!"

방 거사가 말하였다.

"우리 스님은 무섭기도 하시지."

단하 선사가 말하였다.

"몽둥이로 때린다 해도 부족하구나."

방 거사가 말하였다.

"늙은 몸으로 몽둥이를 맞아서는 안 되겠죠."

단하 선사가 말하였다.

"아픔도 가려움도 모르는 이라면, 때려봤자 헛일이지."

방 거사가 말하였다.

"가까이하려는 속마음을 모르는구려."

그러자 단하 선사는 염주를 내던지고 나가버렸다.

방 거사가 말하였다.

"도적의 물건을 끝내 수습하지 못하는구먼."

단하 선사는 돌아다보면서 크게 소리내어 웃었다.

방 거사가 말하였다.

"이 도적이 졌구려."

단하 선사는 다가가서 방 거사를 거머잡고 말하였다.

"더는 피할 수 없구먼."

방 거사는 뺨을 한 대 쳤다.

丹霞一日手提念珠 居士近前奪却曰 二彼空手卽休 霞云 妬忌
老翁 不識好惡 士云捉師公案未著 後回終不恁麽 霞云吽吽 士
云吾師得人怕 霞云 猶少棒在 士云年老喫棒不得 霞云 不識痛
痒漢 打得也無益 士云也無接引機關在 霞抛下念珠而去 士云

賊人物 終不敢收拾 霞回首 呵呵大笑 士云 這賊敗也 霞近前把
住云 更諱不得 士與一掌[6]

---

6) 이 공안은 방거사어록의 기록이 아니라 염팔방주옥집(拈八方珠玉集) 상권에 있는
기록이다.

대원선사 토끼뿔

두 분의 상 없고 거침없는 이 거량
무릉도원에 들어선들 이보다야 좋을까
이를 일러 극락이라 할 걸세

방거사 어록

백령 선사와의 문답

▌ 거사가 깨달은 것을 누구에게 이야기했나요?
▌ 말할 수 있다고 하거나 말할 수 없다고 하거나
▌ 어떻게 이르겠소?
▌ 이 안목

▌거사가 깨달은 것을 누구에게 이야기했나요?

백령 화상이 하루는 길에서 방 거사와 만났다.

백령 화상이 물었다.

"옛날에 거사가 남악의 석두 화상에게서 깨달은 것을 누구에게 이야기한 적이 있습니까?"

방 거사가 말하였다.

"이야기한 적이 있습니다."

백령 화상이 물었다.

"누구에게 이야기했나요?"

방 거사는 자기를 가리키며 말하였다.

"이 방공에게요."

백령 화상이 말하였다.

"설사 문수와 수보리일지라도 제대로 찬탄을 다하지 못할 겁니다."

방 거사가 물었다.

"화상께서 깨달은 것은 누가 알고 있나요?"

백령 화상은 삿갓을 집어쓰자마자 훌쩍 떠나갔다.

방 거사가 말을 던졌다.

"잘 가시오."

백령 화상은 뒤돌아보지도 않았다.

百靈和尙 一日與居士路次相逢 靈問曰 昔日居士南嶽得力句
還曾擧向人也無 士曰 曾擧來 靈曰 擧向什麽人 士以手自指曰
龐公 靈曰 直是妙德空生 也讚嘆不及 士却問 阿師得力句 是誰
得知 靈戴笠子便行 士曰 善爲道路 靈更不回首

대원선사 토끼뿔

옳기는 옳으나 지음자(知音者)끼리 만남이니
한산과 습득처럼 어우러짐이 있었으면 하는
아쉬움이 없지 않구나, 없지 않아.

넓고 넓은 누리의 화려한 정원에서
세상을 북 삼고 세월을 북채 삼아
멋들어진 한 판도 좋으련만 아쉽구려

말할 수 있다고 하거나 말할 수 없다고 하거나

백령 화상이 하루는 방 거사에게 물었다.

"말할 수 있다고 하거나 말할 수 없다고 하거나 모두 다 면할 수 없다고 했는데, 도대체 무엇을 면할 수 없다는 건지, 그대가 일러보시오."

방 거사는 눈을 깜박였다.

백령 화상이 말하였다.

"다시 비할 바 없이 뛰어나군요."

방 거사가 말하였다.

"스님은 사람을 잘못 보았습니다."

백령 화상이 말하였다.

"누가 그와 같지 않으리오. 누가…."

방 거사는 "안녕하십시오." 하고 떠나버렸다.

靈一日問居士　道得道不得俱未免　汝且道未免箇什麽　士以目瞬之　靈曰　奇特更無此也　士曰　師錯許人　靈曰　誰不恁麽　誰不恁麽　士珍重而去

대원선사 토끼뿔

"누가 그와 같지 않으리오. 누가…" 했거늘
차라도 나누면서 무현금을 즐기지 않고 그렇
게 떠난담.
하. 하. 하.

▌어떻게 이르겠소?

백령 화상이 하루는 방장에 앉아있는데 방 거사가 들어왔다.

백령 화상이 그를 거머잡고 말하였다.

"요즘 사람도 이르고 옛날 사람도 이른 것이 있습니다. 거사는 어떻게 이르겠소?"

방 거사가 백령 화상을 한 대 때렸다.

백령 화상이 말하였다.

"이르지 않을 수 없으리라."

방 거사가 말하였다.

"일렀다 하면 곧 허물인 걸."

백령 화상이 말하였다.

"나에게 한 대 빚진 걸 갚으시오."

방 거사는 바짝 다가가 말하였다.

"손을 한번 대보시오."

백령 화상이 곧 말하였다.

"안녕하십시오."

靈一日在方丈內坐 士入來 靈把住曰 今人道 古人道 居士作
麼生道 士打靈一掌 靈曰 不得不道 士曰 道卽有過 靈曰 還我
一掌來 士近前曰 試下手看 靈便珍重

대원선사 토끼뿔

"요즘 사람도 이르고 옛날 사람도 이른 것이
있습니다. 거사는 어떻게 이르겠소?" 했을 때
"답을 내놓고 질문하는 멍청이에게는 뭐라
해야 하오?" 했을 것이다.

▌ 이 안목

방 거사가 하루는 백령 화상에게 물었다.

"이것을 이 안목이라 하면, 사람들의 말을 면할 수 있을까요?"

백령 화상이 말하였다.

"어떻게 면할 수 있겠소?"

방 거사가 말하였다.

"명확합니다. 명확해."

백령 화상이 말하였다.

"이 방망이는 일 없는 사람은 때리지 않소."

그러자 방 거사가 몸을 휙 돌리더니 말하였다.

"때려보시오. 때려보시오."

백령 화상이 막대기를 집어들자마자 방 거사가 잡아챘다.

"나처럼 면해 보시오."

백령 화상은 대응이 없었다.

居士一日問百靈曰 是箇眼目免得人口麼 靈曰 作麼免得 士曰
情知 情知 靈曰 棒不打無事人 士轉身曰 打打 靈方拈棒起 士
把住曰 與我免看 靈無對

대원선사 토끼뿔

번개인들 이보다야 빠르랴.

물 흐르듯한 두 분의 거량이여
볼수록 멋지고도 멋지구나
요즘 분들 배워야 할 거량인저

방거사 어록

보제 선사와의 문답

▌ 고향이로세, 고향

▌ 어느 곳에서 주고받고 하고 있소?

▌ 어머니 태 속에 있었을 때의 한 도리

▌ 서로 드러낸 것이 얼마인가?

고향이로세, 고향

어느 날, 방 거사가 대동 보제 선사를 만나자, 손에 쥐고 있던 조리를 들어 올리면서 불렀다.

"대동스님! 대동스님!"

보제 선사는 응하지 않았다.

방 거사가 말하였다.

"석두의 한 종(宗)이 스님에 이르러 얼음 녹듯, 기와 부서지듯 했구려."

보제 선사가 말하였다.

"거사께서 들어 보일 것도 없습니다. 이와 같이 분명하니."

방 거사는 조리를 내던지고 말하였다.

"한 푼 값어치도 없는 줄 어찌 알았단 말인가."

보제 선사가 말하였다.

"비록 한 푼 값어치가 없더라도, 부족함이 어찌 있으리오."

방 거사는 춤을 추며 나갔다.

그러자 보제 선사는 조리를 집어들고 불렀다.

"거사님!"

방 거사가 돌아보자, 보제 선사도 춤을 추며 나갔다.

방 거사는 손뼉을 치며 말하였다.

"고향이로세, 고향!"

居士一日見大同普濟禪師 拈起手中笊籬曰 大同師 大同師 濟
不應 士曰 石頭一宗 到師處冰消瓦解 濟曰 不得龐翁擧 灼然如
此 士抛下笊籬曰 寧知不直一文錢 濟曰 雖不直一文錢 欠他又
爭得 士作舞而去 濟提起笊籬曰 居士 士回首 濟作舞而去 士撫
掌曰 歸去來 歸去來

대원선사 토끼뿔

이 한판의 어우러짐이여! 이런 것을 두고 백
아와 종자기의 만남이라 하리라.

이러-히 때에 따른 이 응함
방거사와 보제의 살림이니
선[立] 곳이 극락이라 하리라

▌어느 곳에서 주고받고 하고 있소?

어느 날, 보제 선사가 방 거사에게 물었다.

"말이란 것은, 이제나 예나 피할 수 있는 사람이 드물지요. 그런데 노인장께서는 피할 수 있나요?"

방 거사가 대답하였다.

"예."

보제 선사는 같은 질문을 되풀이했다.

방 거사가 말하였다.

"어느 곳에서 주고받고 하고 있소?"

보제 선사는 아까 한 말을 다시 되풀이했다.

방 거사가 말하였다.

"어느 곳에서 주고받고 하고 있소?"

보제 선사가 말하였다.

"단지 지금뿐 아니라, 옛 사람에게도 역시 그런 말이 있었다오."

방 거사는 춤을 추며 나가버렸다.

보제 선사가 말하였다.

"미친 작자! 스스로 잘못한 걸 누구보고 점검하라고 하는 것인가."

濟一日問居士 是箇言語 今古少人避得 只如老翁避得麼 士應喏 濟再擧前話 士曰 什麼處去來 濟又擧前話 士曰 什麼處去來 濟曰 非但如今 古人亦有此語 士作舞而去 濟曰 這風顚漢自過 敎誰點檢

대원선사 토끼뿔

보제의 "말이란 것은, 이제나 예나 피할 수 있는 사람이 드물지요. 그런데 노인장께서는 피할 수 있나요?" 하는 거듭한 질문에 "어느 곳에서 주고받고 하고 있소?"라고 역시 같은 말로 거듭 응함을 알면 "스스로 잘못한 걸 누구보고 점검하라고 하는 것인가."라고 한 것이 과연 맞는 말인가 아닌가 가릴 수 있을 것이니 말해보라.

맞는 말인가, 아닌가?

▌어머니 태 속에 있었을 때의 한 도리

어느 날, 보제 선사가 방 거사를 방문했다.

방 거사가 말하였다.

"어머니 태 속에 있었을 때의 한 도리의 말을 기억하고 있습니다. 스님에게 든 바와 같으니, 결코 도리로 주장하지는 마십시오."

보제 선사가 말하였다.

"오히려 멀어졌군요."

방 거사가 말하였다.

"도리를 짓지 말라고 했지 않습니까."

보제 선사가 말하였다.

"사람을 기겁하게 하는 말이라면, 어찌 두려워하지 않을 수 있겠소?"

방 거사가 말하였다.

"스님 견해야말로, 사람을 기겁하게 하는 거요."

보제 선사가 말하였다.

"도리를 짓지 말라더니 도리어 도리를 짓는구려."

방 거사가 말하였다.

"다만 한두 번 멀어짐이 아니군."

보제 선사가 말하였다.

"죽이나 먹는 중이니 마음대로 점검하시오."

그러자 방 거사는 손가락을 세 번 튕겼다.

普濟一日訪居士 士曰 憶在母胎時 有一則語 擧似阿師 切不
得作道理主持 濟曰 猶是隔生也 士曰 向道不得作道理 濟曰 驚
人之句 爭得不怕 士曰 如師見解 可謂驚人 濟曰 不作道理 却
成作道理 士曰 不但隔一生兩生 濟曰 粥飯底僧 一任點檢 士彈
指三下

대원선사 토끼뿔

"어머니 태 속에 있었을 때의 한 도리의 말을 기억하고 있습니다. 스님에게 든 바와 같으니, 결코 도리로 주장하지는 마십시오." 했을 때 보제는 "그렇거늘 도리를 지으시는군요." 했어야 했고, 또 "오히려 멀어졌군요." 했을 때 방 거사는 손뼉을 두어 번 쳤어야 했다.

그리고 이후의 말들은 없음만 못하다 하리라.

▌ 서로 드러낸 것이 얼마인가?

어느 날, 방 거사가 보제 선사를 만나러 갔다.

보제 선사는 방 거사가 오는 것을 보자, 곧바로 문을 닫아 버리고 말하였다.

"아는 것 많은 늙은이, 만날 필요가 없어."

방 거사가 대답하였다.

"혼자 앉아 혼자 말하니 허물이 누구에게 있는가?"

그러자 보제 선사가 문을 열고 나오려는 순간, 방 거사가 붙잡고 말하였다.

"스님이 아는 것이 많은 거요, 내가 아는 것이 많은 거요?"

보제 선사가 말하였다.

"아는 것 많은 것은 그만두고, 문을 닫거나 열거나, 때를 따라 나아가고 물러서는 데 있어서 서로 드러낸 것이 얼마인가?"

방 거사가 말하였다.

"이런 한 질문이 사람을 기가 막히게 하지요."

보제 선사는 묵연히 있었다.

방 거사가 말하였다.

"기교를 너무 부리다가 졸렬하게 되었습니다."

居士一日去看普濟 濟見居士來 便掩却門曰 多知老翁 莫與相見 士曰 獨坐獨語 過在阿誰 濟便開門纔出 被士把住曰 師多知 我多知 濟曰 多知且置 閉門開門 卷之與舒 相較幾許 士曰 祇此一問 氣急殺人 濟嘿然 士曰 弄巧成拙

대원선사 토끼뿔

맷돌 맞듯 대쪽 맞듯 한 두 분의 거량이여.
승속과 계위와 승부심까지도 떠난 해탈인의
거량이로다.
두 분의 거량을 대하노니 마치 화창한 꽃동
산에 들어선 것만 같구려.

연둣빛의 잎새며 갖은 꽃들
아스라한 단소 소리 들려오는
갖은 풍광 이보다야 더하랴

방거사 어록

장자 선사와의 문답

▌법상 오른쪽에 서다

▌ 법상 오른쪽에 서다

　방 거사가 장자 선사를 찾아가니 마침 법당에서 설법중이어서, 대중 스님들이 모여 있었다.
　방 거사는 곧바로 나서서 말하였다.
　"여러분들 각자가 자기 자신을 점검하는 것이 좋겠습니다."
　장자 선사는 대중에게 보였다.
　방 거사는 법상 오른쪽에 서 있었다. 그때 한 승려가 물었다.
　"주인공을 범하지 말고, 선사님께서 대답하시기 바랍니다."
　장자 선사가 말하였다.
　"방공을 아는가?"
　승려가 말하였다.
　"모릅니다."
　그러자 방 거사가 그 승려를 붙들고 말하였다.
　"괴롭구나, 괴로워."

승려는 말이 없었다. 방 거사는 그를 떠밀어 버렸다.

잠시 후에 장자 선사가 방 거사에게 물었다.

"아까 그 승려가 방망이를 맞은 겁니까?"

방 거사가 말하였다.

"그가 잘 알아차렸으면 좋겠습니다."

장자 선사가 말하였다.

"거사께서는 송곳끝이 뾰족한 것만 보고, 끌끝이 넓적한 것은 보지 못했군요."

방 거사가 말하였다.

"그런 말씀은 나에게는 괜찮지만, 다른 사람한테는 좋지 않을텐데요."

장자 선사가 말하였다.

"무엇이 좋지 않다는 거요?"

방 거사가 말하였다.

"스님은 끌끝이 넓적한 것만 보고, 송곳끝이 뾰족한 것은 보지 못했군요."

居士到長髭禪師 值上堂 大衆集定 士便出云 各請自檢好 髭便示衆 士却於禪床右立 時有僧問 不觸主人公 請師答話 髭云 識龐公麼 僧云 不識 士便搊住其僧云 苦哉 苦哉 僧無對 士托

開 髭少間却問士云 適來這僧還喫棒否 士云 待伊甘始得 髭云
居士只見錐頭利 不見鑿頭方 士云 恁麼說話 某甲卽得 外人聞
之 要且不好 髭云 不好箇甚麼 士云 阿師只見鑿頭方 不見錐頭
利

대원선사 토끼뿔

"방공을 아는가?" 했을 때 "어찌 알려고 해서
아는 것이며 모르려고 해서 모를 수 있겠습
니까?" 했더라면 대중 앞에 그러한 꼴은 없
었으리라.
험!

방거사 어록

송산 선사와의 문답

▌ 왜 말하지 못한다 합니까?

방 거사가 송산 화상과 함께 차를 마시고 있던 차에, 방 거사가 찻잔 받침을 들어 올리고 말하였다.

"사람마다 모두 분수가 있는데, 왜 말하지 못한다 합니까?"

송산 화상이 말하였다.

"사람마다 모두 그 분수가 있기에, 말하지 못한다 하지요."

방 거사가 말하였다.

"그런데 당신은 무슨 까닭으로 말할 수 있는 거요?"

송산 화상이 말하였다.

"말 없는 것만이 옳은 것이 아니잖소."

방 거사가 말하였다.

"분명합니다. 분명해요."

송산 화상이 차를 마시자, 방 거사가 말하였다.

"당신은 차를 마시면서, 어찌 손님에게는 대접도 없소?"

송산 화상이 말하였다.

"누구에게요?"

방 거사가 말하였다.

"이 방 선생에게."

송산 화상이 말하였다.

"어찌 다시 더 대접하리오."

뒷날 단하 선사가 이 말을 전해 듣고 이렇게 말하였다.

"만약 송산 화상이 아니었더라면, 그 노인한테 어지러운 장난을 한바탕 면치 못했을 것이다."

방 거사가 이 말을 듣고, 사람을 시켜 단하 선사에게 전갈했다.

"어째서 찻잔 받침을 들어 올리기 전은 알지 못하는가?"

居士同松山和尙喫茶次 士擧橐子曰 人人盡有分 爲什麼道不得 山曰 祇爲人人盡有 所以道不得 士曰 阿兄爲什麼却道得 山曰 不可無言去也 士曰 灼然 灼然 山便喫茶 士曰 阿兄喫茶 爲什麼不揖客 山曰 誰 士曰 龐公 山曰 何須更揖 後丹霞聞 乃曰 若不是松山 幾被箇老翁作亂一上 士聞之 乃令人傳語霞曰 何不會取未擧橐子時

대원선사 토끼뿔

"사람마다 모두 분수가 있는데, 왜 말하지 못한다 합니까?" 했을 때 "다만 사람마다 그 분수가 있기 때문이오." 했어야 했다.

험!

▌소는 어째서 있다는 것도 알지 못할까요?

방 거사가 하루는 송산 화상과 함께 밭을 가는 소를 보고 있다가, 소를 가리키면서 말하였다.

"이것은 저때 가운데서도 안락하나, 이것이 있다는 것도 모르겠지요."

송산 화상이 말하였다.

"만약 방공이 아니었다면 또 어찌 그를 알리오."

방 거사가 말하였다.

"스님, 저놈은 어째서 있다는 것도 알지 못할까요?"

송산 화상이 말하였다.

"아직 석두를 뵙지 않았으니까 이를 수 없다 해도 괜찮소."

방 거사가 말하였다.

"만난 뒤라면 어떨까요?"

송산 화상이 손뼉을 세 번 쳤다.

居士一日與松山看耕牛次　士指牛曰　是伊時中更安樂　只是未
知有　山曰　若非龐公　又爭識伊　士曰　阿師道渠未知有箇什麼　山
曰　未見石頭　不妨道不得　士曰　見後作麼生　山撫掌三下

대원선사 토끼뿔

이런 경우를 두고 말 있음이 말 없음만 못하
다 한 것이리라.
기왕 소를 놓고 얘기가 있었으니 소 등이나
서너 번 쓰다듬어 인연이나 맺어 주시지….
두 분이 이익 없는 말놀음만 하셨군.

송산의 지팡이

　방 거사가 하루는 송산 화상을 찾아와서, 송산 화상이 지팡이를 짚고 있는 것을 보자 바로 말하였다.
　"손 안의 그것은 뭐요?"
　송산 화상이 말하였다.
　"소승은 나이가 많아서, 이거 없이는 한 걸음도 걸을 수 없다오."
　방 거사가 말하였다.
　"그렇지만, 아직 기력이 왕성한데요."
　그러자 송산 화상이 한 대 쳤다.
　방 거사가 말하였다.
　"손의 지팡이를 놓고, 한마디 물어주시오."
　송산 화상이 지팡이를 내던졌다.
　방 거사가 말하였다.
　"이 늙은 양반, 먼저 말과 나중 말이 맞지 않는구먼."

송산 화상이 할을 했다.

방 거사가 말하였다.

"맙소사, 곡하는 데에다 슬픔을 더하는구려."[7]

居士一日到松山 見山携杖子 便曰 手中是箇什麼 山曰 老僧
年邁 闕伊一步不得 士曰 雖然如是 壯力猶存 山便打 士曰 放
却手中杖子 致將一問來 山抛下杖子 士曰 這老漢 前言不付後
語 山便喝 士曰 蒼天中更有怨苦

---

7) 원문에 '蒼天中更有怨苦'라고 되어 있는데 '엎친 데 덮치다'라는 의미로 쓰인다.

대원선사 토끼뿔

"손 안의 그것은 뭐요?" 했을 때, 이 사람이
라면 "뭘 어떻게 보기에 새삼스런 질문이요."
해서 구구한 뒷말들이 없게 했을 것이다.
험!

노랑 잎과 파랑 잎에 떨어지지 않는 것

방 거사가 하루는 송산 화상과 더불어 길을 가다가, 승려들이 푸성귀를 고르는 것을 보았다.

송산 화상이 말하였다.

"노랑 잎은 버리고, 파랑 잎만 모으는군요."

방 거사가 말하였다.

"노랑과 파랑에 떨어지지 않음은 또 어떻습니까?"

송산 화상이 말하였다.

"말해보시오."

방 거사가 말하였다.

"주가 되었다 객이 되었다 하는 것이 오히려 지극히 어려운 일인 걸요."

송산 화상이 말하였다.

"그렇지만 이 틈에도 억지로 주인노릇을 하면서."

방 거사가 말하였다.

"누군들 이렇지 않으리오."

송산 화상이 말하였다.

"옳소, 옳아."

방 거사가 말하였다.

"파랑과 노랑에 떨어지지 않는다고 이 중에는 말할 수도 없구려."

송산 화상이 웃으면서 말하였다.

"그렇게 말할 줄은 아는구려."

방 거사는 대중에게 "안녕하십시오." 하고 인사했다.

그러자 송산 화상이 말하였다.

"대중이 당신이 기틀에 떨어진 점을 봐주는 거요."

방 거사는 곧바로 떠났다.

居士一日與松山行次 見僧擇茱 山曰 黃葉卽去 靑葉卽留 士曰 不落黃靑 又作麽生 山曰 道取好 士曰 互爲賓主也大難 山曰 却來此間 强作主宰 士曰 誰不與麽 山曰 是是 士曰 不落靑黃 就中難道 山笑曰 也解與麽道 士珍重大衆 山曰 大衆放你落機處 士便行

대원선사 토끼뿔

짐짓 묻고 그것을 알고 응대하는, 이 한바탕
즐김이여.
척척 죽이 맞으니 좋구나 좋아.

노고지리 창공에 노래하고
스님들 채소밭에 울력함이
두 분 눈엔 함 없는 함이었네

송산의 자

　하루는 송산 화상이 방 거사와 더불어 이야기하고 있다가, 갑자기 책상 위에 놓인 자를 집어들고 말하였다.

"거사는 봅니까?"

　방 거사가 말하였다.

"봅니다."

"무엇을 봅니까?"

"송산."

　송산 화상이 말하였다.

"말할 것도 없소."

　방 거사가 말하였다.

"어찌 말하지 않을 수 있겠소?"

　송산 화상은 자를 내던졌다.

　방 거사가 말하였다.

"머리만 있고 꼬리가 없다면 다른 사람에게 미움을 받는 법이오."

송산 화상이 말하였다.

"옳지 않소, 노인장이 오늘은 말이 모자란 것 같은데…."

방 거사가 말하였다.

"어디가 모자란 곳이오?"

송산 화상이 말하였다.

"머리만 있고 꼬리가 없다는 데가."

방 거사가 말하였다.

"강함 속에 약함은 있을 수 있어도, 약함 속에 강함은 찾아볼 수 없는 법이오."

송산 화상은 방 거사를 거머잡고 말하였다.

"이 늙은이가, 이 중에는 말할 곳도 없다니까."

一日 松山與居士話次 山驀拈起案上尺子云 居士還見麼 士曰
見 山曰 見箇什麼 士曰 松山 山曰 不得道著 士曰 爭得不道
山乃抛下尺子 士曰 有頭無尾得人憎 山曰 不是翁 今日還道不
及 士曰 不及甚麼處 山曰 有頭無尾處 士曰 強中得弱卽有 弱
中得強卽無 山把住居士曰 這箇老子 就中無話處

대원선사 토끼뿔

하루는 송산 화상이 방 거사와 더불어 이야
기하고 있다가, 갑자기 책상 위에 놓인 자를
집어들고 말하였다.

"거사는 봅니까?"

방 거사가 말하였다.

"봅니다."

송산 화상이 말하였다.

"무엇을 봅니까?"

방 거사가 말하였다.

"송산."

송산 화상이 말하였다.

"말할 것도 없소."

방 거사가 말하였다.

"어찌 말하지 않을 수 있겠소?"

송산 화상은 자를 내던졌다.

이 무슨 도리에서인가?

말해보라.

바로 이르면 이 두 분의 경지를 누릴 수 있
으리라.

방거사 어록

본계 선사와의 문답

❚ 점잖은 늙은이가 남의 잘잘못이나 보고 있다니
❚ 이렇다 하겠는가, 이렇지 않다 하겠는가?
❚ 본계의 해골

점잖은 늙은이가 남의 잘잘못이나 보고 있다니

방 거사가 본계 화상에게 물었다.

"단하 선사가 시자를 때린 뜻이 무엇일까요?"

본계 화상이 말하였다.

"점잖은 늙은이가 남의 잘잘못이나 보고 있다니."

방 거사가 말하였다.

"나와 스님은 동문 사이니까 물어보는 거요."

본계 화상이 말하였다.

"그렇다면 처음부터 말해보시오. 함께 헤아려봅시다."

방 거사가 말하였다.

"점잖은 늙은이가 남의 시와 비를 말하는 것은 옳지 않소."

본계 화상이 말하였다.

"늙은이라고 생각하시오?"

방 거사가 말하였다.

"죄송합니다, 죄송해요."

居士問本谿和尚 丹霞打侍者 意在何所 谿曰 大老翁見人長短
在 士曰 爲我與師同參 方敢借問 谿曰 若恁麼 從頭擧來 共你
商量 士曰 大老翁不可說人是非 谿曰 念翁年老 士曰 罪過 罪
過

대원선사 토끼뿔

"단하 선사가 시자를 때린 뜻이 무엇일까요?" 했을 때, 이 사람이라면 "그런 것은 눈앞에 것들이 나 먼저 누설해버렸으니 그만두고 두 분들 뭐하는 것이오?" 하고 "힘. 힘." 했을 것이다.

▌ 이렇다 하겠는가, 이렇지 않다 하겠는가?

본계 화상이 하루는 방 거사가 오는 것을 보고, 한참 동안 바라보았다.

그러자 방 거사는 지팡이를 가지고 동그라미를 하나 그렸다.

본계 화상이 곧바로 다가가서, 발로 밟아버렸다.

방 거사가 말하였다.

"이렇다 하겠는가, 이렇지 않다 하겠는가?"

그러자 이번에는 본계 화상이 방 거사 앞에다 동그라미 하나를 그렸다. 방 거사도 역시 그것을 발로 밟아버렸다.

본계 화상이 말하였다.

"이렇다 하겠는가, 이렇지 않다 하겠는가?"

그러자 방 거사는 지팡이를 팽개쳐버리고 서 있었다.

본계 화상이 말하였다.

"올 때는 지팡이가 있었는데, 갈 때는 없게 되었구려."

방 거사가 말하였다.

"원래부터 스스로 두렷이 이루어져 있으니, 눈으로 본 것도 헛수고요."

본계 화상이 손뼉을 치며 말하였다.

"기이하고도 뛰어나군요. 하나도 얻은 것이 없으니."

방 거사는 지팡이를 집어들고 곧바로 나가버렸다.

본계 화상이 말하였다.

"잘 가시오, 잘 가요."

本谿一日見居士來 乃目視多時 士乃將杖子畫一圓相 谿便近
前以脚踏 士曰 與麽 不與麽 谿却於居士前畫一圓相 士亦以脚
踏 谿曰 與麽 不與麽 士抛下拄杖而立 谿曰 來時有杖 去時無
士曰 幸自圓成 徒勞目視 谿拍手曰 奇特 一無所得 士拈杖子便
行 谿曰 看路 看路

대원선사 토끼뿔

서로 짜기나 한 듯이 주고받는 두 분의 이
경지여.
선문(禪門)이 아니라면 보기 드문 일일세, 보
기 드문 일이야.

무릉도원 삶인들 이분들께 비기랴
편안하고 즐거운 두 분의 경지여
온 누리 다 함께 하는 날이 일상일세

본계의 해골

본계 화상이 방 거사에게 물었다.

"달마가 서쪽에서 왔을 때, 제 일구를 뭐라 일렀습니까?"

방 거사가 말하였다.

"기억해서 무엇하게요."

본계 화상이 말하였다.

"무기(無記)의 성품이라고 해야겠네."

방 거사가 말하였다.

"옛 일을 가지고 이렇느니 저렇느니 할 것 없지 않소."

본계 화상이 말하였다.

"지금의 일은 어떻소?"

방 거사가 말하였다.

"한마디도 필요 없지 않습니까."

본계 화상이 말하였다.

"지혜 있는 사람 앞에서 말하려면, 얼마쯤 광채를 더해야 한다오."

방 거사가 말하였다.

"스님의 눈이 두루하잖소."

본계 화상이 말하였다.

"모름지기 이와 같아야만, 비로소 낌새마저 풍기지 않는 말이라 할 수 있지요."

방 거사가 말하였다.

"눈 속에 한 물건도 없으실텐데."

본계 화상이 말하였다.

"한낮의 햇빛, 도무지 눈을 들기가 어렵구먼."

방 거사가 말하였다.

"해골을 뚫고 지났소."

본계 화상은 손가락을 튕기면서 말하였다.

"누가 이를 판별하리."

방 거사가 말하였다.

"이분이라고 무슨 뛰어나고 특별할 것이 있으리."

본계 화상이 곧장 방장으로 돌아가버렸다.

師(本谿和尚) 問居士 達磨西來 第一句作麼生道 士云 誰記得
師云 可謂無記性 士云 旧日事不可東道西說 師云 卽今事作麼

生 士云 一辭不措 師云 有智人前說 添他多少光彩 士云 阿師
眼能大 師云 須是恁麽 始得爲絶朕之說 士云 眼裏著一物不得
師云 日正盛 難爲擧目 士云 穿過髑髏去在 師彈指云 誰辨得伊
士云 這漢有甚麽奇特 師便歸方丈[8]

---

8) 이 공안은 방거사어록의 기록이 아니라 연등회요(聯燈會要) 제5권에 있는 기록이다.

대원선사 토끼뿔

이 두 분의 거량을 해탈인의 수수께끼 놀음
이라고나 할까?
문제를 들기가 바쁘게 척척 해내는 솜씨, 관
객조차 마냥 즐겁게 하는구나.

방거사 어록

대매 선사와의 문답

▎대매의 열매

대매의 열매

방 거사가 대매 선사를 방문하여, 서로 보자마자 물었다.

"오래 전부터 대매의 소문을 들었는데, 대매의 열매가 다 익었는지요?"

대매 선사가 말하였다.

"당신은 어느 곳을 향해서 입을 대려 하오?"

방 거사가 말하였다.

"산산조각이 나버렸군."

대매 선사가 손을 내밀면서 말하였다.

"내게 씨나 돌려주게."

방 거사가 곧바로 가버렸다.

居士訪大梅禪師 纔相見便問 久嚮大梅 未審梅子熟也未 梅曰 你向什麼處下口 士曰 百雜碎 梅伸手曰 還我核子來 士便去

대원선사 토끼뿔

"오래 전부터 대매의 소문을 들었는데, 대매의 열매가 다 익었는지요?" 했을 때, 대매 선사가 "익었다 하겠소, 어쨌다 하겠소?" 하고 다그쳤더라면 아무리 방 거사라 하더라도 입을 쓰지 못할 것을….

그리고 "내게 씨나 돌려주게." 했을 때 방 거사는 "돌려드린 지 언젠데 무슨 말을 하는 거요?" 했다면 대매 선사 역시 입 쓸 곳이 없었으리라.

방거사 어록

대육 선사와의 문답

▌ 공양 받는 것
▌ 사람들을 위했던 진실한 곳

▌ 공양 받는 것

　방 거사가 부용산의 대육 선사를 방문했을 때, 대육 선사가 방 거사에게 음식을 나누어주던 차에 방 거사가 그것을 받으려 하자, 대육 선사가 손을 도로 거두며 말하였다.

　"생각을 가지고 공양을 받는 것은, 유마 거사가 옛날에 꾸짖은 바인데,[9] 이 한 기틀이라는 것마저 떠나서 거사는 달게 받겠는가?"

　방 거사가 말하였다.

　"그때 수보리가 어찌 작가가 아니었으리오만."

　대육 선사가 말하였다.

　"그런 일과는 관계가 없소."

---

9) 수보리가 걸식을 할 때 부유한 사람들이 자기 뜻대로 즐기면서 무상을 생각하지 않으면 내생에 그 보를 받을 것을 불쌍히 여겨 부유한 사람들에게 많이 걸식을 하다가 마침 정명, 즉 유마 거사의 집에 들어가게 되었다. 이때 유마 거사는 발우를 가져다가 밥을 가득 담아 두고 "능히 밥에 평등한 이는 모든 법에도 평등하고, 모든 법에 평등한 이는 밥에 평등하니, 이렇게 걸식해야 가히 밥을 받을 만하다." 하고 이후 긴 법문을 해서 수보리를 꾸짖었던 일화가 있다.

방 거사가 말하였다.

"입까지 온 음식을 남에게 빼앗기고 마는구나."

이에 대육 선사가 밥을 놓았다.

방 거사가 말하였다.

"일구란 것마저 쓸데없는 것이거늘…."

居士到芙蓉山大毓禪師處 毓行食與居士 士擬接 毓縮手曰 生
心受施 淨名早訶 去此一機 居士還甘否 士曰 當時善現 豈不作
家 毓曰 非關他事 士曰 食到口邊 被人奪却 毓乃下食 士曰 不
消一句子

대원선사 토끼뿔

일만덕(一萬德)도 가져옴이 아니거늘, 이 무슨
말들일꼬?
이분들의 경지로 보아 두 분 모두 즐기는 거
량이라 하리라.

▍ 사람들을 위했던 진실한 곳

방 거사가 다시 대육 선사에게 물었다.

"마조 대사가 사람들을 위했던 진실한 곳을 스님에게 전해 주셨습니까?"

대육 선사가 말하였다.

"나는 아직 그것을 본 바도 없는데 진실한 곳이니 하는 것을 어떻게 알겠소?"

방 거사가 말하였다.

"이것은 보았느니 알았느니 하는 것조차 찾을 길 없소."

대육 선사가 말하였다.

"거사도 한결같이 말했다고는 못할 것이오."

방 거사가 말하였다.

"한결같이 말했다고 못할 것이라고 하면, 스님 또한 종지를 잃은 겁니다. 만약 두 번 세 번 짓는다면, 스님은 입을 열 수가 있을까요?"

대육 선사가 말하였다.

"바로 그 입을 열지 못하는 것이 진실한 것이라 할 거요."

방 거사는 손뼉을 치며 나가버렸다.

士又問毓曰 馬大師著實爲人處 還分付吾師否 毓曰 某甲尙未
見他 作麽生知他著實處 士曰 祇此見知也無討處 毓曰 居士也
不得一向言說 士曰 一向言說 師又失宗 若作兩向三向 師還開
得口否 毓曰 直是開口不得 可謂實也 士撫掌而出

대원선사 토끼뿔

두 분 모두 이 문중의 사람임이 분명하니 차
나 들며 선시(禪詩)나 읊어 노래했으면 좋을
걸 공연히 입씨름만 하였구나.
에이, 산 높고, 폭포며 호수 좋다.

남풍이 절로 오니 잎과 꽃 피어나고
산새들 노랫소리 골짜기 메우누나
우리네 무현금을 퉁기며 즐겨보세

방거사 어록

칙천 선사와의 문답

- ▌ 석두 선사와 처음 보았을 때의 도리
- ▌ 스님은 저를 보십니까?
- ▌ 주인과 손님

석두 선사와 처음 보았을 때의 도리

방 거사가 칙천 화상을 만났을 때, 칙천 화상이 말하였다.

"석두 선사와 처음 보았을 때의 도리를 기억하고 있는지요?"

방 거사가 말하였다.

"스님께서 다시 들고 있군요."

칙천 화상이 말하였다.

"명확하게 안 것이 오래다 보니 만나뵈었던 일을 가볍게 여기는 건가요?"

방 거사가 말하였다.

"칙천 화상은 나만 그렇다고 마시오."

칙천 화상이 말하였다.

"둘이 한 때이다 보니 또한 다툰들 얼마나 되리오."

방 거사가 말하였다.

"내 건강이 좋으니 스님보다야 나을 걸요?"

칙천 화상이 말하였다.

"당신이 나보다 나은 것이 아니라, 단지 당신 복두가 나한
테는 없다는 것뿐이오."

그러자 방 거사가 복두를 잡아 벗어버리고 말하였다.

"스님과 똑같잖소."

칙천 화상은 껄껄 웃고 말았다.

居士相看則川和尙次 川曰 還記得初見石頭時道理否 士曰 猶
得阿師重擧在 川曰 情知久參事慢 士曰 則川老耄不啻龐公 川
曰 二彼同時 又爭幾許 士曰 龐公鮮健 且勝阿師 川曰 不是勝
我 祇欠汝箇㡧頭 士拈下㡧頭曰 恰與師相似 川大笑而已

대원선사 토끼뿔

나으니 똑같으니, 두 분이시여!
우습고 우습군요.
본래니 천연이니 함도 공연한 말장난이거늘.
험!

연둣빛 실버들이 춤을 추고
엿장수 가위 소리 유다르오
차 들며 이러-함을 같이하세

▌ 스님은 저를 보십니까?

어느 날, 칙천 화상이 차를 따르는데, 방 거사가 물었다.

"법계는 몸이라 함마저 용납하지 않는데, 스님은 저를 보십니까?"

칙천 화상이 말하였다.

"만약 노승이 아니었더라면 방공에게 대답을 할 뻔했소."

방 거사가 말하였다.

"물으면 대답하는 것은 당연한 일입니다."

칙천 화상이 상관하지 않으니 방 거사가 말하였다.

"아까 가볍게 물은 것을 괴이하게 여기지 마십시오."

칙천 화상이 역시 상관하지 않으니, 방 거사가 할을 하고는 말하였다.

"이 무례한 사람아! 내가 눈 밝은 사람에게 낱낱이 이야기할 테니 알아서 하시오."

그러자 칙천 화상은 차바구니를 던지고 곧장 돌아가버렸다.

一日　則川摘茶次　士曰　法界不容身　師還見我否　川曰　不是老
僧　泊答公話　士曰　有問有答　盖是尋常　川乃摘茶不聽　士曰　莫
怪適來容易借問　川亦不顧　士喝曰　這無禮儀老漢　待我一一舉
向明眼人　川乃抛却茶籃　便歸方丈

대원선사 토끼뿔

"만약 노승이 아니었더라면 방공에게 대답을 할 뻔했소." 하지 않고 "방공이 지금 말하듯이 봅니다." 했더라면 구구한 말들이 없었을 것이다.

하. 하. 하.

▌주인과 손님

칙천 화상이 하루는 방장 안에 앉아있었었는데, 방 거사가 만나러 와서 말하였다.

"오로지 방장에 단정하게 앉아 있을 줄만 알고 승려가 찾아온 것도 모르고 있군."

그때 칙천 화상이 한쪽 발을 아래로 드리웠다.

방 거사는 나갔다가, 두서너 걸음 만에 돌아왔다.

칙천 화상이 이번에는 발을 거두었다.

방 거사가 말하였다.

"과연 자유자재하군요."

칙천 화상이 말하였다.

"나는 이 주인이지."

방 거사가 말하였다.

"스님은 주인이 있는 것만 알 뿐, 손님이 있는 것은 모르시는구먼."

칙천 화상이 시봉을 불러서 차를 달여오도록 시켰다.

그러자 방 거사는 춤을 추며 나갔다.

川一日在方丈內坐 士來見曰 只知端坐方丈 不覺僧到參時 川
垂下一足 士便出 三兩步却回 川却收足 士曰 可謂自由自在 川
曰 我是主 士曰 阿師只知有主 不知有客 川喚侍者點茶 士乃作
舞而出

대원선사 토끼뿔

이런 경우를 두고 맷돌 맞듯, 대쪽 맞듯 한다
하고, 백아가 종자기를 맞은 것이라 하리라.
좋구나, 좋아. 한산과 습득의 어우러짐이 이
아니겠는가.

방거사 어록

낙포 선사와의 문답

▌더위와 추위

▌더위와 추위

방 거사가 낙포 선사를 찾아가서, 절하고 일어서서 말하였다.

"한여름은 지독하게 덥고, 초겨울은 약간 춥습니다."

낙포 선사가 말하였다.

"잘못되지 마시오."

방 거사가 말하였다.

"이 방공은 나이가 많아서요."

낙포 선사가 말하였다.

"어째서 추울 때 춥다고 하고, 더울 때 덥다고 하지 않는 거요?"

방 거사가 말하였다.

"귀머거리인 걸 어찌하리."

낙포 선사가 말하였다.

"당신에게 몽둥이를 20대를 내리오."

방 거사가 말하였다.

"내 입은 벙어리요, 당신 눈은 꽉 찼구려."

居士到洛浦禪師 禮拜起 曰 仲夏毒熱 孟冬薄寒 浦曰 莫錯
士曰 龐公年老 浦曰 何不寒時道寒 熱時道熱 士曰 患聾作麽
浦曰 放汝二十棒 士曰 瘂却我口 塞却汝眼

대원선사 토끼뿔

두 분들이시여! 그렇다면 그런 말들은 어떻게 났습니까?
그러나 그런 가운데 그런 말도 자유자재하시니 과연, 과연입니다.

방거사 어록

석림 선사와의 문답

▌ 단하의 기틀에 떨어지지 않는 것

▌ 말을 아끼지 마십시오

▌ 자, 어떻소?

▌ 단하의 기틀에 떨어지지 않는 것

석림 화상이 방 거사가 오는 것을 보고 불자를 들고 말하였다.

"단하의 기틀에 떨어지지 말고, 한마디 말해보시오."

그러자 방 거사는 문득 불자를 빼앗고, 도리어 자기 주먹을 쳐들어보였다.

석림 화상이 말하였다.

"바로 그것이 단하의 기틀이오."

방 거사가 말하였다.

"나에게 떨어지지 않는 것을 보여주시오."

석림 화상이 말하였다.

"단하는 벙어리, 방공은 귀머거리."

방 거사가 말하였다.

"그렇군요."

석림 화상은 말이 없었다. 그러자 방 거사가 말하였다.

"당신에게 그냥 해본 말이오."
석림 화상은 여전히 말이 없었다.

石林和尙見居士來 乃竪起拂子曰 不落丹霞機 試道一句子 士
奪却拂子 却自竪起拳 林曰 正是丹霞機 士曰 與我不落看 林曰
丹霞患瘂 龐公患聾 士曰 恰是 林無語 士曰 向道偶爾 林亦無
語

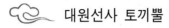 대원선사 토끼뿔

석림의 두 차례 말 없음이여,
이러-히 전창함일세 전창함.

▌ 말을 아끼지 마십시오

석림 화상이 하루는 방 거사에게 질문을 하였다.

"내가 하나 물어볼 터이니 거사는 말을 아끼지 마십시오."

"말해보시오."

석림 화상이 말하였다.

"본디 말을 아끼는군요."

방 거사가 말하였다.

"이 질문에는 모르는 사이에 저쪽의 편의에 떨어졌구나."

그러자 석림 화상이 귀를 막았다.

방 거사가 말하였다.

"과연 작가구나, 작가."

林一日問居士 某甲有箇借問 居士莫惜言句 士曰 便請擧來
林曰 元來惜言句 士曰 這箇問訊 不覺落他便宜 林乃掩耳 士曰
作家 作家

〰️ 대원선사 토끼뿔

승부심 없는 이 거량! 요즘의 선문답을 하는
이들 꼭 본받아야 할 거량이라 하겠다.
이처럼 진실하게 자신의 실경을 드러내놓고
또 상대방의 실경을 경청하는 진지한 풍토라
야 하겠다.

▌ 자, 어떻소?

석림 화상이 하루는 직접 방 거사에게 차를 대접했다.

방 거사가 차를 들려고 하자마자, 석림 화상은 뒤로 물러앉으며 말하였다.

"자, 어떻소?"

방 거사가 말하였다.

"입이 있어도 말할 수 없다고나 할까."

석림 화상이 말하였다.

"그렇게 돼야 하고 말고."

방 거사는 소매를 떨치고 나가면서 말하였다.

"정말 쓸데없는 짓이군."

석림 화상이 말하였다.

"방공을 알 만하군."

방 거사가 되돌아오자, 석림 화상이 말하였다.

"정말 쓸데없는 짓이군."

방 거사는 말이 없었다. 그러자 석림 화상이 말하였다.

"당신 말 안 할 줄도 아네."

林一日自下茶與居士 士纔接茶 林乃抽身退後曰 何似生 士曰
有口道不得 林曰 須是恁麼始得 士拂袖而出 曰 也太無端 林曰
識得龐翁了也 士却回 林曰 也太無端 士無語 林曰 你也解無語

대원선사 토끼뿔

석림 화상이 "자, 어떻소?" 했을 때, 손에 든 차를 단숨에 마시고 "자, 어떻소?" 했어야 했다.

방거사 어록

앙산 선사와의 문답

▌ 우러러보고 있는가, 엎어져 있는가?

▌ 우러러보고 있는가, 엎어져 있는가?

방 거사가 앙산 선사를 방문하여 물었다.

"오래 전부터 앙산의 이름을 들어왔는데, 막상 와보니 어째서 엎어져 있는 거요?"[10]

그러자 앙산 선사가 불자를 일으켜 세웠다.

방 거사가 말하였다.

"음, 그렇군요."

앙산 선사가 말하였다.

"우러러보고 있다고 할 것인가, 엎어져 있다고 할 것인가?"

그러자 방 거사가 기둥을 치며 말하였다.

"비록 사람은 없지만 이 기둥이 증명하고 있군요."

앙산 선사가 불자를 던지고 말하였다.

"제방에 다니면서 이에 대해 마음대로 이야기하시오."

---

10) 앙산의 '앙(仰)'자가 '우러를 앙'자인 것을 잡아 쓴 것이다.

居士訪仰山禪師　問　久響仰山　到來爲甚麼却覆　山竪起拂子
士曰　恰是　山曰　是仰是覆　士乃打露柱曰　雖然無人　也要露柱證
明　山擲拂子曰　若到諸方　一任擧似

대원선사 토끼뿔

차고 더움의 정도는 그 샘물을 마셔본 이만
이 안다 했다.
이 두 분은 마치 한 샘물을 먹고 사는 분과
같으니 오랜만에 고향 분을 만나 정담을 나
누는 광경이 이런 것이라 할까!

방거사 어록

곡은 선사와의 문답

▎상상의 일

▌ 상상의 일

방 거사가 곡은 도인을 찾아가니, 곡은이 물었다.

"누구입니까?"

방 거사는 지팡이를 일으켜 세웠다.

곡은이 물었다.

"그것이 상상 기틀 아닙니까?"

그러자 방 거사는 지팡이를 던져버렸다. 곡은은 말이 없었
다.

방 거사가 말하였다.

"단지 상상 기틀만 알았지, 상상의 일은 모르는구려."

곡은이 말하였다.

"상상의 일이란 것은 무엇이오?"

그러자 방 거사가 지팡이를 도로 집어들었다.

곡은이 말하였다.

"경솔하지 마시오."

방 거사가 말하였다.

"가련하게 어떻게든지 주인노릇만 하려고 하는군요."

곡은이 말하였다.

"여기 한결같은 기틀을 갖춘 사람이 있소. 퇴자를 집어들거나 불자를 일으켜 세우거나 할 필요도 없고, 대답도 대화도 쓸데없소. 거사가 만일 이런 사람을 만난다면 어떻게 대하겠소?"

방 거사가 말하였다.

"어디서 만날 수 있겠소?"

곡은이 방 거사를 덥썩 잡았다.

그러자 방 거사는 "이것이 그것입니까?" 하는 말과 동시에 얼굴에 쏜살같이 침을 뱉었다.

곡은은 말이 없었다.

그래서 방 거사는 게송을 한 수 읊었다.

아지랑이 물에는 물고기가 없는데 낚싯바늘 드리우랴
물고기를 찾아도 없는 곳에서 그대가 걱정되어 웃음일세
가련할손 곡은산 깊은 골의 선백(禪伯)님
침 뱉음을 당하니 지금 생각해도 부끄러우리

居士訪谷隱道者 隱問曰 誰 士竪起杖子 隱曰 莫是上上機麼
士抛下杖子 隱無語 士曰 只知上上機 不覺上上事 隱曰 作麼生
是上上事 士拈起杖子 隱曰 不得草草 士曰 可憐强作主宰 隱曰
有一機人 不要拈槌竪拂 亦不用對答言辭 居士若逢 如何則是
士曰 何處逢 隱把住 士乃曰 莫這便是否 驀面便唾 隱無語 士
與一頌曰 焰水無魚下底鉤 覓魚無處笑君愁 可憐谷隱孜禪伯
被唾如今見亦羞

대원선사 토끼뿔

"누구입니까?" 하니 방 거사가 지팡이를 일으
켜 세웠을 때 "그렇기는 하나 서로 나누는
이름이야 없을 수 없지." 했어야 했고, 또 방
거사가 "어디서 만날 수 있겠소?" 했을 때,
소매를 떨치고 가면서 "잘 전하시오." 했어야
했다.

방거사 어록

독경 승려와의 문답

▌ 경전을 읽는 위의

▌ 경전을 읽는 위의

　방 거사가 침대에 누워 경전을 읽고 있는데, 그것을 본 한
승려가 말하였다.
　"거사님, 경전을 읽는 위의를 좀 갖추셔야지요."
　그러자 방 거사가 한쪽 발을 쳐들었다.
　승려는 그만 입을 다물고 말았다.

　居士因在床上臥看經　有僧見曰　居士看經　須具威儀　士翹起一
足　僧無語

대원선사 토끼뿔

한쪽 발을 쳐들었을 때 "진실로 그렇기는 그
러하나 교화문의 방편이야 없을 수 없지요."
했어야 했다.

방거사 어록

탁발 승려와의 문답

▌보시의 도리

▌보시의 도리

방 거사가 하루는 홍주 시장에서 조리를 파는데, 한 승려가 탁발을 하고 있었다. 그래서 동전 한 푼을 손에 들고 물었다.

"보시의 도리를 믿어 어기지 않는다고 말할 수 있소? 말할 수 있다면 이것을 드리리다."

승려는 말이 없었다.

방 거사가 말하였다.

"나에게 물어보시오. 그대에게 일러주리라."

그래서 승려가 물었다.

"보시의 도리를 어기지 않는 것이 어떤 것입니까?"

방 거사가 말하였다.

"젊은 사람이 들을 줄도…."

방 거사가 다시 다그쳐 말하였다.

"알겠소?"

승려가 말하였다.

"모르겠습니다."

방 거사가 말하였다.

"이 누가 모른다는 거요?"

居士一日在洪州市賣笊籬　見一僧化緣　乃將一文錢問曰　不辜
負信施道理　還道得麼　道得卽捨　僧無語　士曰　汝問我　與汝道
僧便問　不辜負信施道理　作麼生　士曰　少人聽　又曰　會麼　僧曰
不會　士曰　是誰不會

⌒ 대원선사 토끼뿔

"보시의 도리를 믿어 어기지 않는다고 말할
수 있소? 말할 수 있다면 이것을 드리리다."
했을 때 "어찌 같이 듣지 못했습니까?" 했어
야 했다.
험!

방거사 어록

목동과의 문답

▌ 길도 모릅니까?

▌길도 모릅니까?

어느 날, 방 거사가 목동을 보고 물었다.
"이 길은 어디로 통하느냐?"
목동이 말하였다.
"길도 모릅니까?"
방 거사가 말하였다.
"이 소 같은 놈을 봐라."
목동이 말하였다.
"이 짐승아!"
방 거사가 말하였다.
"오늘이 무슨 때지?"
목동이 말하였다.
"밭을 갈 때지."
방 거사는 그만 껄껄 크게 웃었다.

居士一日見牧童 乃問 路從什麼處去 童曰 路也不識 士曰 這
看牛兒 童曰 這畜生 士曰 今日什麼時也 童曰 揷田時也 士大
笑

대원선사 토끼뿔

"이 길은 어디로 통하느냐?" 했을 때, 이 사람이라면 "길가 풀도 누설커늘 어찌 듣지 못했습니까?" 했을 것이다.

방거사 어록

좌주와의 문답

 ▎금강 반야의 진성

▌금강 반야의 진성

   방 거사가 언젠가 강의장에 들러서, 금강경 강의를 동참하
여 들은 적이 있었다. 그때 '나도 없고 남도 없다.' 하는 대문
이 나오자, 질문을 던졌다.
   "좌주님, '이미 나도 없고 남도 없다.'고 한다면, 대체 누가
강의하고 누가 듣는단 말이오?"
   좌주는 대답이 없었다.
   방 거사가 말하였다.
   "내가 비록 속인이지만 조금 믿어 압니다."
   좌주가 말하였다.
   "거사님은 어떻게 생각하시오?"
   방 거사는 게송으로 대답하였다.

   '나'도 없고 '남'도 없는 마당에
   가깝고 멀고가 있겠는가

강의장 순회 따위 그만두기를 그대에게 권하노니
곧바로 진리를 구함만 못하네
금강반야의 성품에는
한 티끌도 없어서
경 처음부터 끝맺음에 이르기까지
모두가 거짓 이름을 늘어놓았을 뿐이네

　좌주는 이 게송을 듣고 기쁘게 우러러 환희 감탄을 그칠 줄
몰랐다. 방 거사가 이르른 곳마다 노숙들이 많이들 문답을
걸어오는데, 모두 그 상대의 근기에 따라 치면 울리는 대답
으로 응하여, 통상적인 격식이나 한정된 테두리에 묶여 있질
않았다.

　居士嘗遊講肆　隨喜金剛經　至無我無人處　致問曰　座主旣無我
無人　是誰講誰聽　主無對　士曰　某甲雖是俗人　粗知信向　主曰
祇如居士　意作麽生　士以偈答曰　無我復無人　作麽有疎親　勸君
休歷座　不似直求眞　金剛般若性　外絶一纖塵　我聞幷信受　總是
假名陳　主聞偈　欣然仰嘆　居士所至之處　老宿多往復　酬問　皆隨
機應響　非格量軌轍之可拘也

대원선사 토끼뿔

"좌주님, '이미 나도 없고 남도 없다.'고 한다
면, 대체 누가 강의하고 누가 듣는단 말이
오?" 했을 때 "그렇게 묻듯이 강의하고, 이렇
게 대답하듯이 듣습니다." 했어야 했다.

방거사 어록

방거사와 가족들

■ 어려운가, 쉬운가?

방 거사가 하루는 초막집에 앉아있다가 문득 말하였다.

"어렵고 어렵고도 어려운지고, 열 섬이나 되는 참깨를 나무 위에 널어놓으려는 것처럼."

그 아내가 말하였다.

"쉽고 쉽고도 쉬운지고, 침대를 내려서서 발로 땅을 밟듯 이."

영조가 말하였다.

"어려울 것도 없고, 쉬울 것도 없구나. 온갖 풀잎마다 조사 의 뜻이로다."

居士一日在茅廬裡坐 驀忽云 難難難 十碩油麻樹上攤 龐婆云 易易易 如下眠床脚踏地 靈照云 也不難 也不易 百草頭上祖師 意

대원선사 토끼뿔

풍간과 한산과 습득처럼
맷돌 맞듯 대쪽 맞듯 어울려
이러-히 살아가는 가족이라

온 풀잎에 드러난 조사의 뜻
동서 봉에 일월등 걸어놓고
무현금 퉁기면서 즐기누나

밝고 밝은 조사의 뜻

어느 날, 방 거사가 앉아 있다가 딸 영조에게 물었다.

"옛 사람이 '밝고 밝은 백 가지 풀끝에 밝고 밝은 조사의 뜻이다.' 했는데, 너는 어떻게 아느냐?"

"너무 늙으셨나? 그런 말씀을 하시다니요."

방 거사가 말하였다.

"너는 어떠하냐?"

영조가 말하였다.

"밝고 밝은 백 가지 풀끝에 밝고 밝은 조사의 뜻입니다."

방 거사는 이에 웃었다.

居士一日坐次 問靈照曰 古人道 明明百草頭 明明祖師意 如何會 照曰 老老大大 作這箇語話 士曰 你作麽生 照曰 明明百草頭 明明祖師意 士乃笑

대원선사 토끼뿔

방 거사가 딸 영조에게 "옛 사람이 '밝고 밝은 백 가지 풀끝에 밝고 밝은 조사의 뜻이다.' 했는데, 너는 어떻게 아느냐?"라고 묻자, 딸 영조가 "밝고 밝은 백 가지 풀끝에 밝고 밝은 조사의 뜻입니다." 했는데, 여기서 방 거사는 어떤 이치로 묻고 있으며, 영조는 어떤 도리로써 그 말을 쓰고 있는가?

말해보라. 바로 말하면 올바로 법을 쓸 줄 아는 이라 하리라.

영조가 아버지 곁에 눕다

방 거사가 조리를 팔러 다리를 내려가다가 거꾸러져 넘어졌다.

영조가 이를 보자 자기도 아버지 곁으로 가서 넘어졌다.

방 거사가 말하였다.

"너 뭐하는 게냐?"

영조가 말하였다.

"아버지가 넘어지신 걸 보고, 제가 도우려는 것입니다."

방 거사가 말하였다.

"도와달라고 한 적 없는데."

居士因賣漉籬　下橋喫撲　靈照見　亦去爺邊倒　士曰　汝作什麽
照曰　見爺倒地　某甲相扶　士曰　賴是無人見

대원선사 토끼뿔

과연 과연 그분의 딸이로다.
이보다 더한 부축은 없으리라.

▌방 노파의 회향

방 노파가 재를 올리러 녹문사를 찾아가니, 담당 승려가 회향 행사의 뜻을 물었다.

방 노파는 빗을 집어 쪽머리 뒤쪽에 꽂고 나서, "회향을 마쳤습니다." 하고는 곧장 나가버렸다.

龐婆入鹿門寺作齋 維那請疏意回向 婆拈梳子 揷向髻後曰 回向了也 便出去[11]

---

11) 이 공안은 방거사어록의 기록이 아니라 선종송고연주통집 제14권에 있는 기록이다.

대원선사 토끼뿔

이 회향이여 참으로 일품이로다.
그러나, 이 사람이라면 뒤쪽에 꽂고 그냥 나
가버렸을 것이다.
험!

방거사 어록

방거사의 열반

■ 방거사의 열반

▌방 거사의 열반

　방 거사는 임종을 맞이하여 딸 영조에게 말하였다.

　"해가 이른지 늦은지 보고 있다가, 한낮이 되거든 알리도록 해라."

　그러자 영조가 바로 알렸다.

　"벌써 해가 중천에 와 있습니다. 그런데 일식입니다."

　방 거사가 문 밖으로 나가 살펴보는 사이에, 영조는 아버지 자리로 올라가서, 합장하고 앉은 채로 숨을 거두었다.

　방 거사는 웃으면서 말하였다.

　"우리 딸의 예리한 기상이 민첩하구나."

　그래서 자기는 칠일 동안을 열반을 연기하기로 했다.

　주의 목사 우적이 문병을 오자, 방 거사가 말하였다.

　"부디 원하노니 일체 있다고 하는 바가 공하니, 일체 없다고 하는 바도 실답다고 마십시오. 잘 계시오. 세간이 모두 그림자나 메아리와 같은 거요."

말을 마치자, 우 목사의 무릎을 베개로 삼고 누워 숨을 거두었다. 유언에 따라 화장하여 그 재는 강물에 뿌려졌다.

승려나 속인이나 더불어 슬퍼하면서, "선문의 방 거사는 비야리의 유마 거사다."라고들 말하였다.

시 300여 수가 세상에 전해져 있다.

(영조와 방 거사의 열반 후, 방 거사의 아내는 "바보 딸과 어리석은 영감이 나에게 말도 없이 가버리다니…." 하고 이를 아들에게 알리러 갔다.

아버지와 누이가 열반에 들었다는 말을 듣고 아들은 일하던 쟁기를 멈추고 "헛!" 하는 소리로 대꾸하더니 말없이 보이고 이내 선 채로 열반에 들었다.

방 거사의 아내는 "이 어리석은 자식이 어쩌면 이렇게 바보 짓을 한담." 하고 아들의 장사를 치른 뒤, 동네 집집마다 다니면서 작별 인사를 마치더니 세상을 등지고 사라져 그 뒤로 어디로 갔는지 아는 이가 없었다 한다.)

居士將入滅 謂靈照曰 視日早晚 及午以報 照遽報 日已中矣 而有蝕也 士出戶觀次 照卽登父座 合掌坐亡 士笑曰 我女鋒捷 矣 于是更延七日 州牧于頓問疾 士謂之曰 但願空諸所有 愼勿

實諸所無 好住世間皆如影響 言訖 枕于公膝而化 遺命焚棄江
緇白傷悼 謂禪門龐居士卽毗耶淨名矣 有詩偈三百餘篇傳於世

대원선사 토끼뿔

청정히 깨끗하여 본래부터 그렇거늘
오가는 모습으로 논하지를 말아라
삼삼은 뒤집어도 아홉일 뿐이니라

방거사 어록

방 거사의 시 3수

▌ 방 거사가 남긴 시

▌방 거사가 남긴 시

원화 년간에, 방 거사는 북쪽 양한 땅을 돌아다니면서, 아무 곳에서나 마음 내키는 대로 지냈다.

영조라는 딸이 있었는데, 언제나 조리를 팔아서, 그날그날 생계를 함께 꾸려나갔다. 방 거사가 남긴 시에 이런 것이 있다.

마음이라 하지만 이러-할 뿐이요
경계라 하지만 역시 이러-할 뿐이어서
실다움도 없고 헛될 것도 없다
있다고 하는 것도 관계할 것 없고
없다고 하는 데도 구애될 것이 없으면
성현이라고 할 것마저 없어서
일 마친 범부일 뿐이니라

쉽고도 쉽구나

오온이 곧 참 지혜인 것을

시방세계도 같은 일승(一乘)[12]이거늘

형상 없는 법신에 어찌 둘이 있으랴

번뇌를 버리고 보리에 들어간다 하면

부처를 알지 못하는 것일세

살려고 하거든 죽어야 하나니

완전히 죽어야 비로소 편히 살리

이 뜻을 깨달으면 쇠배 물 위 뜨게 하리

元和中 居士北遊襄漢 隨處而居 有女靈照 常鬻竹漉籬 以供
朝夕 士有偈曰 心如境亦如 無實亦無虛 有亦不管 無亦不居 不
是賢聖 了事凡夫 易復易 卽此五蘊有眞智 十方世界一乘同 無
相法身豈有二 若捨煩惱入菩提 不知何方有佛地 護生須是殺
殺盡始安居 會得箇中意 鐵船水上浮

---

12) 일승(一乘) : 일체 중생을 구제하여 성불케 하는 유일한 가르침.

대원선사 토끼뿔

구절구절 옳기는 옳으나 어쩌랴
육칠월 땡감 맛을 면하지 못했으니
하늘은 푸르고 파도는 하얗다
험!

불조정맥

불조정맥(佛祖正脈)

🪷 인 도

교조 석가모니불 (教祖 釋迦牟尼佛)

1조 마하가섭 (摩訶迦葉)

2조 아난다 (阿難陀)

3조 상나화수 (商那和脩)

4조 우바국다 (優波鞠多)

5조 제다가 (堤多迦)

6조 미차가 (彌遮迦)

7조 바수밀 (婆須密)

8조 불타난제 (佛陀難堤)

9조 복타밀다 (伏馱密多)

10조 파율습박(협) (波栗濕縛, 脇)

11조 부나야사 (富那夜奢)

12조 아나보리(마명) (阿那菩堤, 馬鳴)

13조 가비마라 (迦毗摩羅)

14조 나가르주나(용수) (那閼羅樹那, 龍樹)

15조 가나제바 (迦那堤波)

16조 라후라타 (羅睺羅陀)

17조 승가난제 (僧伽難提)

18조 가야사다 (迦耶舍多)

19조 구마라다 (鳩摩羅多)

20조 사야다 (闍夜多)

21조 바수반두 (婆修盤頭)

22조 마노라 (摩拏羅)

23조 학륵나 (鶴勒那)

24조 사자보리 (師子菩堤)

25조 바사사다 (婆舍斯多)

26조 불여밀다 (不如密多)

27조 반야다라 (般若多羅)

28조 보리달마 (菩堤達磨)

🏵 중 국

29조 신광 혜가 (2 조 神光 慧可)

30조 감지 승찬 (3 조 鑑智 僧璨)

31조 대의 도신 (4 조 大醫 道信)

32조 대만 홍인 (5 조 大滿 弘忍)

33조 대감 혜능 (6 조 大鑑 慧能)

34조 남악 회양 (7 조 南嶽 懷讓)

35조 마조 도일 (8 조 馬祖 道一)

36조 백장 회해 (9 조 百丈 懷海)

37조 황벽 희운 (10조 黃檗 希雲)

38조 임제 의현 (11조 臨濟 義玄)

39조 흥화 존장 (12조 興化 存奬)

40조 남원 혜옹 (13조 南院 慧顒)

41조 풍혈 연소 (14조 風穴 延沼)

42조 수산 성념 (15조 首山 省念)

43조 분양 선소 (16조 汾陽 善昭)

44조 자명 초원 (17조 慈明 楚圓)

45조 양기 방회 (18조 楊岐 方會)

46조 백운 수단 (19조 白雲 守端)

47조 오조 법연 (20조 五祖 法演)

48조 원오 극근 (21조 圓悟 克勤)

49조 호구 소륭 (22조 虎丘 紹隆)

50조 응암 담화 (23조 應庵 曇華)

51조 밀암 함걸 (24조 密庵 咸傑)

52조 파암 조선 (25조 破庵 祖先)

53조 무준 사범 (26조 無準 師範)

54조 설암 혜랑 (27조 雪岩 慧郞)

55조 급암 종신 (28조 及庵 宗信)

56조 석옥 청공 (29조 石屋 淸珙)

※ 한 국

57조 태고 보우 (1 조 太古 普愚)

58조 환암 혼수 (2 조 幻庵 混脩)

59조 구곡 각운 (3 조 龜谷 覺雲)

60조 벽계 정심 (4 조 碧溪 淨心)

61조 벽송 지엄 (5 조 碧松 智儼)

62조 부용 영관 (6 조 芙蓉 靈觀)

63조 청허 휴정 (7 조 淸虛 休靜)

64조 편양 언기 (8 조 鞭羊 彦機)

65조 풍담 의심 (9 조 楓潭 義諶)

66조 월담 설제 (10조 月潭 雪霽)

67조 환성 지안 (11조 喚醒 志安)

68조 호암 체정 (12조 虎巖 體淨)

69조 청봉 거안 (13조 靑峰 巨岸)

70조 율봉 청고 (14조 栗峰 靑杲)

71조 금허 법첨 (15조 錦虛 法沾)

72조 용암 혜언 (16조 龍巖 慧言)

73조 영월 봉율 (17조 詠月 奉律)

74조 만화 보선 (18조 萬化 普善)

75조 경허 성우 (19조 鏡虛 惺牛)

76조 만공 월면 (20조 滿空 月面)

77조 전강 영신 (21조 田岡 永信)

78대 대원 문재현 (22대 大圓 文載賢)

대원 문재현 선사님
인가 내력

대원 문재현 선사님 인가 내력

제 1 오도송

이 몸을 끄는 놈 이 무슨 물건인가?
골똘히 생각한 지 서너 해 되던 때에
쉬이하고 불어온 솔바람 한 소리에
홀연히 대장부의 큰 일을 마치었네

무엇이 하늘이고 무엇이 땅이런가
이 몸이 청정하여 이러-히 가없어라
안팎 중간 없는 데서 이러-히 응하니
취하고 버림이란 애당초 없다네

하루 온종일 시간이 다하도록
헤아리고 분별한 그 모든 생각들이

옛 부처 나기 전의 오묘한 소식임을
듣고서 의심 않고 믿을 이 누구인가!

此身運轉是何物
疑端汨沒三夏來
松頭吹風其一聲
忽然大事一時了

何謂靑天何謂地
當體淸淨無邊外
無內外中應如是
小分取捨全然無

一日於十有二時
悉皆思量之分別
古佛未生前消息
聞者卽信不疑誰

　　대원 문재현 선사님의 스승이신 불조정맥 제77조 조계종(曹溪宗)
전강(田岡) 대선사님께서 1962년 대구 동화사의 조실로 계실 당시
대원 문재현 선사님께서도 동화사에 함께 머무르고 계셨다.
　　하루는, 전강 대선사님께서 대원 선사님의 3연으로 되어 있는 제
1오도송을 들어 깨달은 바는 분명하나 대개 오도송은 짧게 짓는다

고 말씀하셨다. 이에 대원 선사님께서는 제1오도송을 읊은 뒤, 도솔암을 떠나 김제들을 지나다가 석양의 해와 달을 보고 문득 읊었던 제2오도송을 일러드렸다.

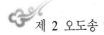
제 2 오도송

해는 서산 달은 동산 덩실하게 얹혀 있고
김제의 평야에는 가을빛이 가득하네
대천이란 이름자도 서지를 못하는데
석양의 마을길엔 사람들 오고 가네

日月兩嶺載同模
金提平野滿秋色
不立大千之名字
夕陽道路人去來

제2오도송을 들으신 전강 대선사님께서는 이에 그치지 않고 그와 같은 경지를 담은 게송을 이 자리에서 즉시 한 수 지어볼 수 있겠냐고 하셨다. 대원 선사님께서는 곧바로 다음과 같이 읊으셨다.

바위 위에는 솔바람이 있고

산 아래에는 황조가 날도다
대천도 흔적조차 없는데
달밤에 원숭이가 어지러이 우는구나

岩上在松風
山下飛黃鳥
大千無痕迹
月夜亂猿啼

　전강 대선사님께서는 위 송의 앞의 두 구를 들으실 때만 해도 지
그시 눈을 감고 계시다가 뒤의 두 구를 마저 채우자 문득 눈을 뜨
고 기뻐하는 빛이 역력하셨다.
　그러나 전강 대선사님께서는 여기에서도 그치지 않고 다시 한 번
물으셨다.
　"대중들이 자네를 산으로 불러내고 그중에 법성(향곡 스님 법제자
인 진제 스님. 동화사 선방에 있을 당시에 '법성'이라 불렸고, 나중에 '법
원'으로 개명하였다.)이 달마불식(達磨不識) 도리를 일러보라 했을 때
'드러났다'라고 답했다는데, 만약에 자네가 당시의 양무제였다면
'모르오'라고 이르고 있는 달마 대사에게 어떻게 했겠는가?"
　대원 선사님께서 답하셨다.
　"제가 양무제였다면 '성인이라 함도 서지 못하나 이러-히 짐의
덕화와 함께 어우러짐이 더욱 좋지 않겠습니까?' 하며 달마 대사의

손을 잡아 일으켰을 것입니다."

전강 대선사님께서 탄복하며 말씀하셨다.

"어느새 그 경지에 이르렀는가?"

"이르렀다곤들 어찌 하며, 갖추었다곤들 어찌 하며, 본래라곤들 어찌 하리까? 오직 이러-할 뿐인데 말입니다."

대원 선사님께서 연이어 말씀하시자 전강 대선사님께서 이에 환희하시니 두 분이 어우러진 자리가 백아가 종자기를 만난 듯, 고수 명창 어울리듯 화기애애하셨다.

달마불식 공안에 대한 위의 문답은 내력이 있는 것이다. 전강 대선사님께서 대원 선사님을 부르기 며칠 전에, 저녁 입선 시간 중에 노장님 몇 분만이 자리에 앉아있을 뿐 자리가 텅텅 비어 있었다고 한다.

대원 선사님께서 이상히 여기고 있던 중, 밖에서 한 젊은 수좌가 대원 선사님을 불렀다. 그 수좌의 말이 스님들이 모두 윗산에 모여 기다리고 있으니 가자고 하기에 무슨 일인가 하고 따라가셨다.

그러자 그 자리에 있던 법성 스님이 보자마자 달마불식 법문을 들고 이르라고 하기에 지체없이 답하셨다.

"드러났다."

곁에 계시던 송암 스님께서 또 안수정등 법문을 들고 물으셨다.

"여기서 어떻게 살아나겠소?"

대뜸 큰소리로 이르셨다.

"안·수·정·등."

이에 좌우에 모인 스님들이 함구무언(緘口無言)인지라 대원 선사
님께서는 먼저 그 자리를 떠나 내려와 버리셨다.

그 다음날 입승인 명허 스님께서 아침 공양이 끝난 자리에서 지
난 밤 입선시간 중에 무단으로 자리를 비운 까닭을 묻는 대중 공
사를 붙여 산중에서 있었던 일들이 낱낱이 드러나고 말았다. 그리
하여 입선시간 중에 자리를 비운 스님들은 가사 장삼을 수하고 조
실인 전강 대선사님께 참회의 절을 했던 일이 있었다.

전강 대선사님께서는 이때에 대원 선사님께서 달마불식 도리에
대해 일렀던 경지를 점검하셨던 것이다.

이런 철저한 검증의 자리가 있었던 다음 날, 전강 대선사님께서
부르시기에 대원 선사님께서 가보니 주지인 월산(月山) 스님께서
모든 것이 약조된 데에서 입회해 계셨으며 전강 대선사님께서는
곧바로 다음과 같이 전법게(傳法偈)를 전해 주셨다.

 전 법 게

부처와 조사도 일찍이 전한 것이 아니거늘
나 또한 어찌 받았다 하며 준다 할 것인가
이 법이 2천년대에 이르러서
널리 천하 사람을 제도하리라

佛祖未曾傳
我亦何受授
此法二千年
廣度天下人

덧붙여 이 일은 월산 스님이 증인이며 2000년까지 세 사람 모두 절대 다른 사람이 알게 하거나 눈에 띄게 하지 않아야 한다고 당부하셨다.

만약 그러지 않을 시에는 대원 선사님께서 법을 펴 나가는데 장애가 있을 것이라고 예언하셨다. 또한 각별히 신변을 조심하라 하시고 월산 스님에게 명령해 대원 선사님을 동화사의 포교당인 보현사에 내려가 교화에 힘쓰게 하셨다.

대원 선사님께서 보현사로 떠나는 날, 전강 대선사님께서는 미리 적어두셨던 부송(付頌)을 주셨으니 다음과 같다.

 부 송

어상을 내리지 않고 이러-히 대한다 함이여
뒷날 돌아이가 구멍 없는 피리를 불리니
이로부터 불법이 천하에 가득하리라

不下御床對如是
後日石兒吹無孔
自此佛法滿天下

위의 송의 '어상을 내리지 않고 이러-히 대한다 함이여'라는 첫째 줄 역시 내력이 있는 구절이다.

전에 대원 선사님께서 전강 대선사님을 군산 은적사에서 모시고 계실 당시 마당에서 홀연히 마주쳤을 때 다음과 같은 문답이 있었다.

전강 대선사님께서 물으셨다.

"공적(空寂)의 영지(靈知)를 이르게."

대원 선사님께서 대답하셨다.

"이러-히 스님과 대담(對談)합니다."

"영지의 공적을 이르게."

"스님과의 대담에 이러-합니다."

"어떤 것이 이러-히 대담하는 경지인가?"

"명왕(明王)은 어상(御床)을 내리지 않고 천하 일에 밝습니다."

위와 같은 문답 중에 대원 선사님께서 답하신 경지를 부송의 첫째 줄에 담으신 것이다.

전강 대선사님께서 대원 선사님을 인가(印可)하신 과정을 볼 때 한 번, 두 번, 세 번을 확인하여 철저히 점검하신 명안종사의 안목

에 탄복하지 않을 수 없으며 이에 끝까지 1초의 머뭇거림도 없이 명철하셨던 대원 선사님께 찬탄하지 않을 수 없다.

　그리하여 법열로 어우러진 두 분의 자리가 재현된 듯 함께 환희 용약하지 않을 수 없다.

　이제 전강 대선사님과 약속한 2천년대를 맞이하였으므로 여기에 전법게를 밝힌다.

　이로써 경허, 만공, 전강 대선사님으로 내려온 근대 대선지식의 정법의 횃불이 이 시대에 이어져 전강 대선사님의 예언대로 불법 이 천하에 가득할 것이다.

21세기에
인류가 해야 할 일

21세기에 인류가 해야 할 일

이 사람은 1962년 26세 때부터 21세기에 인류에게 닥칠 공해문제, 에너지문제를 예견하고 대체에너지(무한원동기, 태양력, 파력, 풍력 등) 개발과 '울 안의 농법'을 연구하고 그 필요성을 많은 이들에게 이야기해 왔습니다.

당시에는 너무 시대를 앞서가는 이야기여서인지 일반인들이 수용하지 못하고 오히려 불신의 눈으로 바라보며 이 사람의 법마저 의심하였습니다. 하지만 현대에 있어서는 이것이 인류가 해결해야 할 가장 절박한 사안이 되어 있습니다.

'사막화방지 국제연대'를 설립한 것도 현재 인류가 해결해야 할 가장 절박한 지구환경문제를 이슈화시키고 그 해결책을 제시하여 재앙에 직면한 지구촌을 살리기 위해서입니다.

'사막화방지 국제연대'에서 추진하고 있는 사막화 방지, 지구 초원화, 대체에너지 개발은 온 인류가 발 벗고 나서서 해야 할 일입니다.

첫 번째 사막화 방지에 있어서 기존에 해왔던 '나무심기 사업'은 천문학적인 예산과 많은 인력을 동원하고도 극도로 황폐한 사막화된 환경을 되살리는 데 실패하였습니다.

그래서 이 사람은 사막화 방지에 있어서는 '사막 해수로 사업'을 새로운 방안으로 제시하였습니다.

사막 해수로 사업은 사막화된 지역에 수도관을 매설하여 바닷물을 끌어들여서 염분에 강한 식물을 중심으로 자연생태계를 복원하는 사업입니다.

이것은 나무심기 사업으로 심은 나무들이 절대적으로 물이 부족하여 생존할 수 없었던 문제를 해결할 수 있는, 현재로서는 유일한 해결책입니다.

그러나 '사막화방지 국제연대'의 목적은 사막이 확장되는 것을 방지하자는 것이지 사막 전체를 완전히 없애자는 것은 아닙니다. 인체에서 심장이 모든 피를 전신의 구석구석까지 골고루 보내어 살아서 활동하게 하듯이 사막은 오히려 지구의 심장 역할을 하는 중요한 곳이기 때문입니다.

그래서 21세기에 있어서는 다만 사막의 확장을 방지할 뿐 아니라 사막을 어떻게 운용하느냐를 연구해야 합니다.

사막에 바둑판처럼 사방이 막힌 플륨관 수로를 설치하여 동, 서, 남, 북 어느 방향의 수로를 얼마만큼 채우느냐 비우느냐에 따라, 사막으로부터 사방 어느 방향으로든 거리까지 조절하여, 원하는 지역에 비를 내리게 하고 그치게 할 수 있습니다. 철저히 과학적인 데이터에 의해 이렇게 사막을 운용함으로써 21세기의 지구를 풍요로운 낙원시대로 만들어가야 합니다.

두 번째로 지구를 초원화할 수 있는 방안으로서 3년간의 실험을 통해, 광활한 황무지 지역을 큰 비용을 들이거나 많은 인력을 동원하지 않고도 짧은 시간 내에 초지로 바꿀 수 있는 식물을 찾아냈습니다.

그것은 바로 '돌나물'입니다. 돌나물은 따로 종자를 심을 필요가 없이 헬리콥터나 비행기로 살포해도 생존, 번식할 수 있으며, 추위와 더위, 황폐한 땅에서도 살아남을 수 있는 생명력과 번식력이 강한 식물입니다.

지구환경을 되살리는 초지조성 사업에 있어서 이것이 큰 도움이 되리라 생각합니다.

세 번째의 대체에너지 개발에 있어서는 태양력, 파력, 풍력 등 1962년도부터 이 사람이 연구하고 얘기해왔던 방법들이 이미 많이 개발되어 실용화한 단계에 있습니다.

이 세 가지 일은 한 개인이나 한 국가가 할 수 있는 일이 아닙니다. 모든 국가가 앞장서서 전세계적인 사업으로 이루어져야 합니다. 모든 국가가 함께 한 기금조성이 이루어져야 하고 기금조성에 참여한 국가는 이 시스템에 의한 전면적인 혜택을 입을 수 있도록 해야 합니다.

인류 모두가 지혜를 모아 이 일에 전력을 다한다면 인류는 유사 이래 가장 좋은 시절을 맞이하게 될 것이며, 만약 이 일을 남의 일인 양 외면한다면 극한의 재앙을 면할 수 없을 것입니다.

이 사람이 오래 전부터 얘기해왔던 '울 안의 농법'은 이미 미국 라스베이거스(Las Vegas)에서 30층짜리 '고층 빌딩 농장'으로 구현되었습니다. 그렇게 크게도 운영될 수 있지만 각자 자신의 집에서 이루어지는 '울 안의 농법'도 필요합니다.

21세기에 있어서 또 하나 인류가 만일의 사태를 대비해서 연구, 추진해야 될 일이 있다면 바닷속에서의 수중생활, 수중경작입니다.

지구가 심하게 온난화될 경우, 공기가 너무 많이 오염될 경우, 바닷물이 높아져 살 땅이 좁아질 경우 등에 대비할 때, 인류는 우주에서의 삶보다는 바닷속에서의 삶을 준비해야 합니다. 왜냐하면 그것이 훨씬 수월하고 비용도 절감할 수 있기 때문입니다.

이렇게 깨달은 이는 이변적으로는 깨달음을 얻게 하여 영생불멸의 삶을 영위할 수 있도록 만인을 이끌어야 하며 사변적으로는 일반인이 예측할 수 없는 백 년, 천 년 앞을 내다보아 이를 미리 앞서 대비하도록 만인의 삶을 이끌어줘야 한다고 생각합니다.

불법의 뜻은 다만 진리 전수에만 있는 것이 아니니, 만인이 서로 함께 영원한 극락을 누릴 때까지 물심양면으로, 이사일여로 베풀어 교화해야 하기 때문입니다.

가슴으로 부르는
불심의 노래

여기에 실린 것들은 모두 대원 문재현 선사
님께서 직접 작사하신 곡들이다.

　수행의 길로 들어서게끔 신심, 발심을 북돋
아주는 곡으로부터 수행의 길로 접어든 이의
구도의 몸부림이 담겨있는 곡, 대승의 원력을
발해서 교화하는 보살의 자비심과 함께 낙원
세계를 누리는 풍류를 그려놓은 곡까지 가사
한마디, 한마디가 생생하여 그 뜻이 뼛속 깊이
새겨지고 그 멋에 흠뻑 취하게 된다.

　대원 문재현 선사님께서는 거칠고 말초적인
요즘의 노래를 듣고 이러한 정서를 순화시키
고자, 또한 수행의 마음을 진작시키고자 하는
뜻에서 이 곡들을 작사하셨다.

🪷 가슴으로 부르는 불심의 노래 목록

🪷 기타 노래 목록

서 원 가

작사 문재현
작곡 배신영
노래 홍노경

느리게

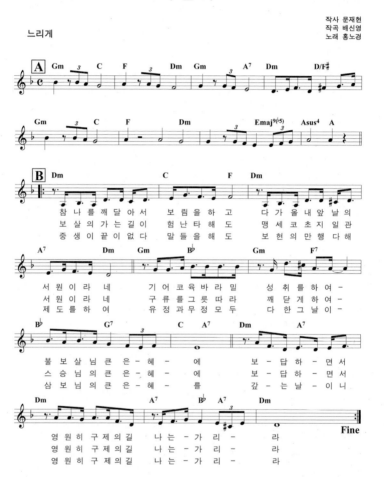

참 나를 깨달아서 보림을 하고 다가올 내앞날의
보살의 가는길이 험난타해도 맹세코 초지일관
중생이 끝이없다 말들을 해도 보현의 만행다해

서원이라 네 기어코 육바라밀 성취를 하여 -
서원이라 네 구류를 그릇따라 깨닫게 하여 -
제도를 하여 유정과 무정모두 다 한그날이 -

불보살님 큰은 - 혜 - 에 보 - 답하 - 면서
스승님의 큰은 - 혜 - 에 보 - 답하 - 면서
삼보님의 큰은 - 혜 - 를 갚 - 는날 - 이니

영원히 구제의길 나는 - 가리 - 라
영원히 구제의길 나는 - 가리 - 라
영원히 구제의길 나는 - 가리 - 라

Fine

반조 염불가

느리게

작사 문재현
작곡 배신영
노래 홍노경

님께서 베푸신 자비의 은혜 오늘
본래에 드러난 나인걸 몰라 낙원

도 감사한 맘 - 어 - 찌 - 잊으리
을 고해로서 - 사 - 는 - 삶이니

가르침 따름만 - 이 살길이란 다짐으로 간
가르침 따름만 - 이 살길이란 다짐으로 반

절 히시시때때 회광반조 아 - 미 타불 - 백 -
조 의아미타불 나도잊은 삼 - 매 의앎 - 깨 -

팔 염주일상화로 기어이 - 크게깨쳐 크나
달 기에좋은때니 기어이 - 원을이뤄 금생

큰 님 - 의은혜 갚으리라 아미타 - 불 -
에 - 구제중생 불은갚길 아미타 - 불 -

Fine

소중한 삶

작사 문재현
작곡 배신영
노래 홍노경

(모데라토) ♩ = 100

소중 불법

한 나날들을 아 끼 면서 사랑으 로 베풀
은 영원하고 행복 한삶 회복하 려 노력

며 사노라면 삶이란 고해만은- 아니리 라
하는 길이니 우리의 삶앞날은- 밝으리 라

고운시선- 고운말로- 어울- 려-
좋은마음- 좋은말로- 감 싸- 주고-

격려하며- 힘든삶- 극- 복 하면
삶-속에- 불법을- 실- 천 하면

좋은업- 좋은날- 약속이아니던 가
영원하고- 행복한삶- 약속이아니던 가

Fine

석가모니불

작사 문재현
작곡 배신영
노래 홍노경

국악가요

맹서의 노래

작사 문재현
작곡 배신영
노래 홍노경

느리게

염원의 노래

작사 문재현
작곡 배신영
노래 홍노경

느리게

음성공양

작사 문재현
작곡 배신영
노래 홍노경

느리게

부처
누리

님 그사랑속의 우리는 행복이로세 세월
위 빛이신당신 오심은 영광이로세 나를

흐름 깊-은만큼 젖어든- 나의이행 복 이
깨운 반야-의 지-혜- 닦아이뤄서 님

세상의-모든분 들 부처님 사랑에- 젖고젖어봐 요 젖
의은혜-보답하 는 그서원 다하는- 초지일관으 로 구

은만치복- 되- 고 행 복을누-리 리 니 오
류중생멸- 도- 해 이세 상이-대 로 를 낙

는- 나날그자체그대로가 낙원- 이-길 서
원-으로이루어함께누릴 그 날- 오-길 합

원 하 는 기 도- 로- 써 음성
장 기 도 노 래- 로- 써 음성

공 양올리옵니- 다   Fine
공 양올리옵니- 다

발 심 가

작사 문재현
작곡 배신영
노래 홍노경

보사노바

우 - 리 네 한 세 상 -　　　보 람 찬 삶 - 으 로 -
참 - 나 를 깨 달 아 -　　　보 림 을 하 - 고 요 -
본 - 연 - 한 몸 의 -　　　능 력 을 베 - 풀 어 -
눈 - 깜 박 하 는 새 -　　　한 세 상 다 - 가 고 -

바 꾸 기 위 - 하 여 -　　　닦 아 들 봅 - 시 다 -
자 비 심 발 - 하 여 -　　　구 제 길 나 - 서 서 -
극 - 락 세 - 계 -　　　장 엄 을 하 - 구 요 -
부 귀 와 공 - 명 은 -　　　잠 시 의 꿈 - 이 라 -

청 춘 - 홍 안 이 -　　　얼 마 나 길 - 던 가 -
중 생 들 세 계 에 -　　　고 통 을 없 - 애 어 -
동 실 - 두 동 실 -　　　누 리 기 위 - 하 여 -
이 러 한 되 풀 이 -　　　금 생 에 끝 - 내 어 -

꿈 꾸 는 사 - 이 에 -　　　백 발 이 된 - 다 네 -
극 락 이 되 - 도 록 -　　　최 선 을 다 - 하 세 -
오 늘 의 어 - 려 움 -　　　극 복 을 해 - 내 세 -
윤 회 의 사 슬 에 서 -　　　벗 어 나 납 - 시 다 -

1-2절 D.C

3-4절

자비의 품

작사 문재현
작곡 배신영
노래 홍노경

느리게

자 대비보살 의 사랑 알지못 하고-
자 대비보살 의 사랑 자비의 품을-

외 면한 저중생 들을- 그래도가- 없어-
떠 나간 저중생 들을- 저리도애- 타게-

잊 지못 하는 그진한- 마음 모른
부 르고부르는 절절한- 마음 새기

체 하고- 업따라 갈수가있- 나- 아- 아하늘땅
고 새기면-업따라 갈수가있- 나- 아- 아하늘땅

사 이- 다시 또없는 자비의 품에- 어서돌아 와
사 이- 다시 또없는 자비의 품에- 어서돌아 와

감 로수에 소- 원이루- 라-
감 로수에 소- 원이루- 라-

Fine

252 방거사어록

부처님 은혜 1

작사 문재현
작곡 배신영
노래 홍노경

느리게

노을이 짙고 새둥-지- 찾을 땐- 부처 님의 절절한- 말씀 생각이 나고
눈에 이슬 맺힌채- 참회 기도- 명상 으로써 억- 겁업을-
재우노 라면 구름그늘- 서늘한바 람 불어옴을-맞음 이랄까-
상쾌하 고 확트인 가 슴- 희망의 미- 소
입가에 번-지- 고 콧노 래 가절로 흘러나 온다- 고맙
습 니다- 참- 고맙습니 다 더없이큰부처 님은 혜
구류중 생을- 구제함으로 써 갚는것이서원- 입니 다 서원
향 해- 뛸- 것- 입니 다- 서원향해 다할것입니- 다-　Fine

부록4 - 가슴으로 부르는 불심의 노래　253

보살의 마음

작사 문재현
작곡 배신영
노래 홍노경

느리게

파 - 도에 실려 떠가 는 낙엽같이 살아가는 인생 -
구원코자 - 따라주 며 같이 하는 자 - 비인데 -

제 안경에 보인대 로 말들 - 하 - 지만 -
눈이멀고 귀가먹은 저들 - 이 - 지만 -

못들은척 - 모르는 척 최 - 선 - 다하 - 리
황소처럼 - 지장처 럼 최 - 선 - 다하 - 리

바 - 른 눈 바 - 른맘 통쾌 - 히 열어라 -
지 - 혜눈 지 - 혜맘 통쾌 - 히 열어라 -

아 - 아 아 - 아 그 - 날 - 이
아 - 아 아 - 아 그 - 날 - 이

그 - 날 이 오기만을 기다 리는 마 - 음 -
그 - 날 이 오기만을 기다 리는 마 - 음 -

이 생에 해야 할일

구도의 목표

작사 문재현
작곡 배신영
노래 홍노경

느리게

님은 아시리

작사 문재현
작곡 배신영
노래 홍노경

부처님 은혜 2

작사 문재현
작곡 배신영
노래 홍노경

느리게

낙엽이지고국향-이 질을땐- 부처님의고고한- 말씀 법계화되고

대승보살 나투어 -그릇 따라- 베푼법문에 만난사-람-

모두가 깨쳐 두타보림- 수행을 하여 있는그곳 -극락 이어서-

걸음걸음 상쾌한 가 슴 - 입가에 미 - 소

언제나 번 - 지 - 는 대자유 삶누릴지어 - 다 - 고맙

습니다- 참 - 고맙습니 다 촌각인들 부처님은 혜

그어찌 한들- 잊을 날있으리 붉은 갚는 그날- 까지 는 서원

향해- 뛸-것입니다- 서원향해 다할것입니 - 다-

Fine

성중성인 오셨네

(초파일노래)

작사 문재현
작곡 배신영
노래 홍노경

가사

음력 사월 초 - 파일은 - 온누리의 제 - 일이신 - 성 중
음력 사월 초 - 파일은 - 온누리의 제 - 일이신 - 성 중

성인 부 - 처 님이 - 이 땅 위에 오 - 신 날 - 괴로
성인 부 - 처 님이 - 이 땅 위에 오 - 신 날 - 너를

움을 낙원으 - 로 - 어 두움을 - 광명 으 - 로 바꾸
알 란 그 가르 - 침 - 펼 치 려고 오 심 이 - 니 자아

러 - 는 숙 - 원 - 을 시작하 신 날 - 너 나 없 이 모 두
완 - 성이 - 룩 - 해 우리 이 땅 - 이 대로 를 낙 원

함께 - 경 축 하 세 모 두 함께 경 축 하 - 세 - 모 두
으 로 - 누려 보 세 낙 원 으 로 누려 보 - 세 -

함 께 경 축 하 - 세 -

내 문제는 내가 풀자

작사 문재현
작곡 배신영
노래 홍노경

조금빠르게

나의

문제 그 뉘 라서 풀 어 주 라 내
없는 이 보 고 인 자 신 에 서 사

일은— 내 가 풀 어 야 지 누
고와— 명 상 깊 이 다 해 께

구 에 게 빌 지 를 말 자 지
달 아 서 누 리 며 살 자 지

금 이 어 느때인 데 허 공 향 해 구 걸 하 랴—
금 의 때 에 맞 는 삶 모 두 함 께 웃 고 사 세—

다 함 D.S

Fine

즐거운 밤

작사 문재현
작곡 배신영
노래 홍노경

관 음 가

작사 문재현
작곡 배신영
노래 홍노경

부 처 님

작사 문재현
작곡 배신영
노래 채연희

이 슬방울 의 아 침햇빛 보다 –
영 롱한 님이 시 고 – 금 구슬에 – 반 짝이는 –
빛 보 다 아 름 다운님이 시 며 –
보 석의 찬란한 빛 보 다 눈 부 신 님이시기 에 생 각
만 하여도 설레이 고 이 름 만 들어도 행 복 한 님
영 원 한 우 리들의 님 이 십 – 니 – 다

열반재일

작사 문재현
작곡 배신영
노래 채연희

성도재일

작사 문재현
작곡 배신영
노래 채연희

찬양합니다 찬양합니다 도 이루심 찬양합니 다
맹세합니다 맹세합니다 부처님의 뒤를 이어 서

이 세상 에 그 어떤 - 일 인 들 이보다 기 쁘고거룩한일
생 사 고통 영 원히 - 면 하게이끄신 봉 화 의바른불빛

있 - 으 - 리 그 옛 날의 오 늘 이룬
지 - 혜 - 로 어 둔 그늘 모 두 밝 혀

부 처 님의 광 명지혜 없 었 다 - 면
부 처 님의 세 상으로 바 뀌 놓 - 는

중 생 들 - 이 생 사 고통 면 할길을
그 일 에 - 서 제 일 가는 모 습보 여

감 히 어 찌 알 았으리 감 사 합 니 다
부 처 님의 은 혜갚음 지 켜 보 소 서

감 사 합 니 다
지 켜 보 소 서

석굴암의 노래

작사 문재현
작곡 배신영
노래 채연희

Moderato ♩ = 98

그윽히 내려 트인
태초의 이 마 음 이

높고 높은 산기 슭에
무 명 으로 경 계 이뤄

명월보다 밝은 모 습
꿈 의 세 상이어 져 서

근 엄 도 하 서 라 뵈옵
이 런 삶 됐 지 만 거 룩

는 그 순 간 티끌번 뇌 사 라 지 니 한 없
한 가 르 침 깊 이 새 긴 실 천 으 로 일 상

이 고 요 하 여 지 - 순 한 마 음 일 세 이 마 음
의 시 시 때 때 생 활 화 가 되 는 그 날 이 세 상

속 세 에 있 을 때 도 지 속 되 면 거 치른 이세상도 태평세
이대로가 정 - 토 의 세 상 되 어 노 래 와 춤 으 로써 길 이 길

계 될 것 일 세
이 즐 길 걸 세

D.C.   Fine

님의 모습

작사 문재현
작곡 배신영
노래 채연희

합 장 속 의　　봉 - 화 처 럼
대 자 비 의　　육 - 신 통 을
님 의 모 습　　그 - 위 력 에

나 타 나 신 　신툰　　모 - 　　습
갖 춰 나 　튼룬　　모 - 　　슴
보 림 이 　튼룬　　마 - 　　음

사 색 속 의　　태 - 양 처 럼
우 리 들 의　　온 - 갖 소 원
님 의 모 습　　나 - 툰 찰 나

나 타 나 신 - 　모 - 　습
이 뤄 주 신 - 　모 - 　습
둘 이 아 닌 - 　마 - 　음

아 - 　　아 - 　　미 소 속 - 의
아 - 　　아 - 　　백 천 삼 - 매
아 - 　　아 - 　　님 의 모 - 습

무 지 개 를　　　타 - 고　　나 - 툰 - 모 -
나 에 게 서　　　깨 - 워　　주 - 신 - 모 -
그 대 로 가　　　유 - 마　　묵 - 연 - 마 -

습
습
음

Fine

믿고 따르세

작사 문재현
작곡 배신영
노래 채연희

Dsico (double beat) ♩ = 136

A F Dm Gm C F Dm Gm G F

B F ... Dm

고 - 해일 - 러 낙원이라 한 불보 - 살님그 - 말씀 의
참 - 나께 - 친 밝은지혜 로 선행 - 닦아사 - 상없 는

B♭ ... F ... F ... Dm

진 실한경지 알려 - 거든 보고듣 는 그곳향 해
일 상의생활 이루 - 는날 고해일 러 낙원이 란

Gm ... C ... Dm ... C

명 - 상하 - 게 명상 - 으로분 - 별
말 - 씀의 - 뜻 내 - 뜻 - 되 - 어

E♭ ... C ... F ... Dm

망 상없 - 어지 고 고요로움 극해지 면
큰웃음을 - 껄껄짓 고 대장부로 삼계구 할

Gm ... C ... F

불 멸의 나 깨 - 치 네
서 원세 위 행 - 하 리

Fine

신명을 다하리

작사 문제현
작곡 배신영
노래 채연희

부처님께 바치는 마음

작사 문재현
작곡 배신영
노래 채연희

Slow ♩ = 78

A
Dm   B♭   Gm Em⁷⁽♭⁵⁾   A⁷

B♭   F/A   Gm⁷   Asus⁴   A

B
Dm   F   Em⁷⁽♭⁵⁾   A⁷   Dm

늘 새 롭 게   태 어 남 으 로   누 리 는
늘 새 롭 게   태 어 남 으 로   오 늘 도

A⁷   A⁷sus   Dm   A⁷

삶 을 깨 닫 게   이 끌 어- 주 신   부 처 님   어-
또 한 내 일 도   함 없 는- 함 의   즐 거 움   어-

Gm   Dm   F   Em⁷⁽♭⁵⁾   A⁷

찌   감 사 함 으 로   만 족 하 리 까
찌   누 림 으 로 만   만 족 하 리 까

Dm   Gm   Em⁷⁽♭⁵⁾   Asus⁴   A

부 처 님 처 럼 관 세 음- 처 럼   닦 고 이 루 고 갖 추 어 서   베
부 처 님 처 럼 관 세 음- 처 럼   그 리 되 도 록 최 선 다 해   구

Gm   Dm   A⁷

풂-으 로- 구 제 하 는 맘   구 류 가 다 한 날 까 지
류-들 을- 구 제 해 내 는   대 자 비 의 무 장 으 로 써

Dm   C/E   F   Gm   Dm

최 선 다 함 만 이   크 나 큰 은- 혜   갚 음 이 라 영 원 히   신-
신 명 다 함 만 이   크 나 큰 은- 혜   갚 음 이 라 부 처 님   전-

A⁷   Dm   Dm

명 다 할 겁 -   니 다
에 합 장 합 -   니 다

Fine

감사합니다

작사 문재현
작곡 배신영
노래 채연희

교 화 가

작사 문재현
작곡 배신영
노래 채연희

구 제 를 할 때 –
교 화 를 할 때 –
노 래 를 하 며 –

갖 은 방 편 어 려 움 도
제 안 경 에 갖 은 시 비
춤 을 추 는 이 환 회 를

웃 어 넘 는 스 – 승 님 –
웃 어 넘 는 스 – 승 님 –
함 께 하 잔 스 – 승 님 –

1.2 = 1절 3 = 2절

섬진강 소초

작사 문재현
작곡 배신영
노래 채연희

Slow GoGo ♩ = 84

광양-포구 팔십-리의 거룻배에몸을실 고
하동-포구 팔십-리에 거룻배를띄워놓 고

석양노을 고운빛에 물새도맘 읽누 나
노을들어 법문하니 어우러진 웃음이 네

광양하동 어우름의 한결같은섬진강 은
이위력이 세상그늘 모두거둬 열린세 상

머언머언 그날에도 오늘처럼-흐르리 라
평등낙원 누림으로 노래하며-살게되 리

우리도저런맘 길이지녀 누리며사 세
그날을위한삶 모두함께 노력해사 세

Fine

권 수 가 1

작사 문재현
작곡 배신영
노래 채연희

아 니 아 니 - 닦 지 는 못 하 리 라 - 일 분 과 일 각 - 도 -
아 니 아 니 - 닦 지 는 못 하 리 라 - 한 송 이 떨 어 진 꽃 을 낙 화 진 다 고

허 - 송 하 지 말 게 눈 - 감 아 - 뜨 는 사 이 백 - 발 - 과 주 름 일 세 -
서 러 워 마 라 한 번 피 - 었 다 - 꽃 이 지 듯 우 리 저 렇 듯 지 고 마 는 -

어 서 수 행 을 하 여 영 원 한 참 나 를 알 고 사 - 세 -
슬 픈 나 날 이 흘 러 흘 - 러 흘 러 만 가 니 어 이 하 리 -

이 것 이 것 이 것 이 뭐 꼬 뭐 꼬 라 고 한 - 이 것 이 뭐
차 착 각 - 저 초 침 소 리 검 은 옷 으 로 다 가 오

꼬 - 보 일 듯 이 아 니 보 이 고
는 - 저 승 의 사 자 소 - 리

이룰듯하다가 놓쳤으니 - 하루하루가 태산만같게
어찌아 니 슬플쏜가 - 숙 - 명적인 인과라해도

커져만 - 가는게 의심일세 - 얼씨구나 좋 다 -
극복해 - 넘기에 어려웁네 - 얼씨구나 좋 다 -

지 화 자 좋 네 - 아니닦지 는 - 코 러 스 -
지 화 자 좋 네 - 아니닦지 는

못 - 하 리 - 라 -
못 - 하 리 - 라 -

Fine

권수가 2

작사 문재현
작곡 배신영
노래 채연희

아 니 아 니- 닦 지 는 못 하 리 라 - 적 적 요 요 달 밝 은 - 밤 - 에 -
아 니 아 니- 닦 지 는 못 하 리 라 - 어 지 러 운 번 뇌 - 망 - 상 -

단 정 히 눈 을 감 은 깊 은 삼 매 - 대 상 없 는 낙 에 취 해 짓 는 미 소 -
털 - 고 이 룬 보 리 마 음 모 든 속 박 - 다 떨 치 고 호 연 지 기 를 누 리 는 데 -

한 산 습 득 이 즐 겨 누 리 는 그 낙 이 아 니 던 - 가 -
송 죽 바 람 솔 솔 향 기 그 윽 하 고 - 그 윽 하 네 -

모 두 들 - 저 런 낙 을 - 누 리 려 거 든 - 닦 고 닦
산 새 도 - 노 래 하 니 - 너 도 좋 고 - 나 도 좋

소 - 삼 세 모 든 불 보 살 님 도
다 - 삼 세 제 불 무 현 금 - 에

두타의수행을 인내로 써 하루하루를 수행해 왔 던
역-대조-사 무공적의 명-월삼경 이좋은밤 을

결실로-얻어진 과 위라네 얼 씨구 나 좋 다
두둥실-두둥실 즐겨보세 얼 씨구 나 좋 다

지 화자 좋 네 아니닦지 는 -코러스-
지 화자 좋 네 아니닦지 는

못 - 하리 - 라
못 - 하리 - 라

Fine

우란분재일

작사 문재현
작곡 배신영
노래 채연희

우란분재 맞-이해서 대자대비-부처-님을
정성어린 마-음으로 이고득락-비옵-나니

이자-리에 청해모셔 다생부모 왕생극락
세상-애착 모두끊고 부처님의 그세상에

정성다한 맘입니다 지혜짧아 못-미-처서
나시기만원합니다 다생겁에 경-험-하신

중한은혜 입-고서도 보은보답 못하고서
부질없는 몸-종노릇 그허망을 떨침만이

이생까지 이-른것을 머리-숙여 부처님께
윤회고를 벗-어나는 길이-오니 그리되길

참회합니-다 참회합니-다
비옵나이-다 비옵-나이-다

Fine

고맙습니다

작사 문재현
작곡 배신영
노래 채연희

믿음으로 여는 세상

작사 문재현
작곡 배신영
노래 채연희

Slow ♩ = 76

우리들 모두가 부처님의지해 - 활짝열린가슴으로 써
우리들 모두가 참선을할때는 - 모두비워명경지수 로

다 같이 도와서 - 살아들간 - 다면 훈풍같은앞날이리 라
참 나 를 관조해- 실경에사 - 무처 깨달아서활짝웃는 날

아 - 즐 - 겁게 즐겁게마 - 음을 다스려참모습을 이루노라 면
아 - 즐 - 겁게 즐겁게법 - 담을 함으로꽃피울걸 맹세를하 고

정- 토의세상 이 우 리 를맞 - 으리 우리모두기도합시
정- 진에정진을 정 진 에정 - 진을 우리모두실천합시

다 다 같 이 기 도 합 시 - 다
다 다 같 이 실 천 합 시 - 다

Fine

출가재일

작사 문재현
작곡 배신영
노래 채연희

Moderato ♩ = 106

A Gm / Cm / B♭ / D

Gm / G/B Cm / A♭ / D

B Gm / Cm / B♭ / D
장하십니 다 장하십 니 다
장하십니 다 장하십 니 다

Cm / D / Gm
그의지가 장하십니 다
갖은역경 부딪쳐서 도

Gm / F/A / B♭ / D⁷
이 세상의 모 든사람 탐을내는 왕의지위 와
초 지일관 변함없음 우러러서 존경합니 다

Cm / Gm / A♭ / D
왕비와의 궁중낙을 미련없이버리 시고
나밖에서 찾으려는 어리석음버리 고서

Gm / D / B♭ / D
고 - 행수 - 도 하겠 다한 - 굳은의 지 머리
내 - 안에 - 서 찾으 려한 - 깨침향한 굳은

D / Gm / D⁷ Bis / G B
숙 여찬탄합니 다 찬 탄합 니 다
의 지찬탄합니 다 찬 탄합 니 다

Fine

염 원

작사 문재현
작곡 배신영
노래 채연희

세 상 의- 모 든 것 을 내 것 인- 양
영 장 다 운- 합- 장 의 염 원 속- 에

먹 고 입 고- 즐- 기 며 살 아 가- 다
세 상 티 끌- 털 어 버 린 일 념 되- 어

훌 쩍 지 난 세 월 속 에 돌 아 보 니 한 바 탕-
이 것 이 것 이 무 어 꼬 참 구 하 며 날 이 가 고

꿈 결 같 은 인 생 이 라 관 음 보 살-
달 이 가 고 세 월 가 도 시 간 감 을-

외 치 며 회 개 하 니 기 도 하 다-
모 르 는 일 상 이 라 크 게 깨 쳐-

사 무 치 고- 사 무 친 맘 대 해 탈 로 성 취 토 록 비 나 이 다-
함- 없 는- 함 으 로 써 능 력 다 해 님 의 은 혜 갚 으 리 라-

이 끌 어 주 옵 소 서 이 끌 어 주 옵 소 서
이 끌 어 주 옵 소 서 이 끌 어 주 옵 소 서

Fine

우리네 삶, 고운 수로

작사 문재현
작곡 배신영
노래 채연희

숲속의 마음

작사 문재현
작곡 배신영
노래 채연희

푸른 숲-속의　　　고 색질은 절 찾아
깊고 그-윽한　　　산 사 찾아온 마음
사람 다-움을　　　생각하며 걷는 길

라 -　　라 -　　친구들과　　굽이굽이
라 -　　라 -　　친구들과　　사색하는
라 -　　라 -　　친구들과　　주고받는

걷 는 길　가　　계곡물도　　반-기는
가 부 좌　에　　관음보살　　미-소를
오 늘 의　말　　길가별도　　조-용한

소 리 좋고도 좋 아　　콧-노래　응-
짓 고 좋고도 좋 아　　나-는야　응-
미 소 좋고도 좋 아　　맘-노래　응-

새 들 도 합 창 을 하 네
마 음 꽃 활 짝 피 었 네
숲 길 도 어 깨 춤 추 네

Fine

사 색

작사 대원 문재현
작곡 배신영

조용─히 눈─감고─서 참─나를살펴─ 봐 요
조용─한 사─색으─로 깨─달아살펴─ 보 면

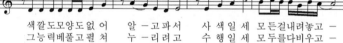

갖은생각 모든행이 이로좋아있건만─ 은
온갖지혜 모든덕이 이로좋아있─음─ 에

색깔도모양도없 어 알─고파서 사 색일세 모든걸내려놓고 ─
그능력베풀고펼 쳐 누─리려고 수 행일세 모두를다비우고 ─

쉬는시 간사색으 로 한 걸음또한걸음 다가서는노력다해 기어이성취하여
님의자 취따름으 로 한 걸음또한걸음 극락세계다가서 기어이성취하여

낙원의─삶─누리려 네
너나없─이─누려보 세

천부경을 아시나요

작사 대원 문재현
작곡 배신영

우리조상 깊-은진리 천부경을아시나 요
바른진리 깨-달아서 이세상을바로봐 요

여든 -- 한-자속에누 리의-온이-치- 를
마음 --의 능-력으로펼 처놓은장엄-이- 라

남김없이- 담으셨-네- 필부의사내- 라 도
화려하고- 아름답-네- 이땅인이대- 로 가

마음을-갈고닦- 아 영원 한참-나깨- 처
낙원의-세계이- 니 노래 와춤-으로- 써

환인 - 큰은혜에 보 답-해사 - 세
어깨 - 동무하고 영 원-히사 - 세

보 살 가

작사 대원 문재현
작곡 김동환

너무느리지않게　♩ = 80

세상사에어 울린 구 제의길

어려움도웃어넘긴 이 마음을　흰 구름너도알리 라

성불의보리과를 이루기위해　두타의수행으로 써

이세계저세계서 닦았던보현행을 영원히펼치 — 리

도서출판 문젠(Moonzen)의 책들

1~5. 바로보인 전등록 (전30권을 5권으로)

7불과 역대 조사의 말씀이 1,700공안으로 집대성되어 있는 선종 최고의 고전으로, 깨달음의 정수가 살아 숨쉬도록 새롭게 번역되었다.

464, 464, 472, 448, 432쪽.

각권 18,000원

6. 바로보인 무문관

황룡 무문 혜개 선사가 저술한 공안집으로 전등록, 선문염송, 벽암록 등과 함께 손꼽히는 선문의 명저이다.

본칙 48개와 무문 선사의 평창과 송, 여기에 역저자인 대원 문재현 선사의 도움말과 시송으로 생명과 같은 선문의 진수를 맛보여 주고 있다.

272쪽. 12,000원

7. 바로보인 벽암록

설두 선사의 설두송고를 원오 극근 선사가 수행자에게 제창한 것이 벽암록이다.

이 책은 본칙과 설두 선사의 송, 대원 문재현 선사의 도움말과 시송으로 이루어져, 벽암록을 오늘에 맞게 바로 보이고 있다.

456쪽. 15,000원

8. 바로보인 천부경

우리 민족 최고(最古)의 경전 천부경을 깨달음의 책으로 새롭게 바로 보였다. 이 책에는 81권의 화엄경을 81자에 함축한 듯한 천부경과, 교화경, 치화경의 내용이 함께 담겨 있으며, 역저자인 대원 문재현 선사가 도움말, 토끼뿔, 거북털 등으로 손쉽게 닦아 증득하는 문을 열어놓고 있다.

432쪽. 15,000원

9. 바로보인 금강경

대원 문재현 선사의 『바로보인 금강경』은 국내 최초로 독창적인 과목을 내어 부처님과 수보리 존자의 대화 이면의 숨은 뜻을 드러내고, 자문과 시송으로 본문의 핵심을 꿰뚫어 밝혀, 금강경 전체를 손바닥 안의 겨자씨를 보듯 설파하고 있다.

488쪽. 15,000원

10. 세월을 북채로 세상을 북삼아

대원 문재현 선사의 선시가 담긴 선시화집 『세월을 북채로 세상을 북삼아』는 선과 시와 그림이 정상에서 만나 어우러진 한바탕이다. 선의 세계를 누리는 불가사의한 일상의 노래, 법열의 환희로 취한 어깨춤과 같은 선시가 생생하고 눈부시게 내면의 소리로 흐른다.

180쪽. 15,000원

11. 영원한현실

애매모호한 구석이 없이 밝고 명쾌하여, 너무도 분명함에 오히려 그 깊이를 헤아리기 어려운, 대원 문재현 선사의 주옥같은 법문을 모아 놓은 법문집이다.

400쪽. 15,000원

12. 바로보인 신심명

신심명은 양끝을 들어 양끝을 쓸어버리는, 40대치법으로 이루어진, 3조 승찬 대사의 게송이다. 이를 대원 문재현 선사가 바로 번역하는 것은 물론, 주해, 게송, 법문을 더해 통쾌하게 회통하고 자유자재 농한 것이 이『바로보인 신심명』이다.

296쪽. 10,000원

13~17. 바로보인 환단고기 (전5권)

『바로보인 환단고기』 1권은 민족정신의 정수인 환단고기의 진리를 총정리하여 출간하였다. 2권에는 역사총론과 태초에서 배달국까지 역사가 실려 있으며, 3권은 단군조선, 4권은 북부여에서부터 고려까지의 역사가 실려 있다. 5권에는 역사를 증명하는 부록과 함께 환단고기 원문을 실었다.

344 · 368 · 264 · 352 · 344쪽. 각권 12,000원

18~47. 바로보인 선문염송 (전30권)

선문염송은 세계최대의 공안집이다. 전 공안을 망라하다시피 했기에 불조의 법 쓰는 바를 손바닥 들여다보듯 하지 않고는 제대로 번역할 수 없다. 대원 문재현 선사는 전 공안을 바로 참구할 수 있게끔 번역하고 각 칙마다 일러보였다.

352 368 344 352 360 360 400 440 376 392
384 428 410 380 368 434 400 404 406 440
424 460 472 456 504 528 488 488 480 512쪽
각권 15,000원

48. 앞뜰에 국화꽃 곱고 북산에 첫눈 희다

대원 문재현 선사의 선문답집으로 전강·경봉·숭산·묵산 선사와의 명쾌한 문답을 실었으며, 중앙일보의 <한국불교의 큰스님 선문답> 열 분의 기사와 기자의 질문에 대한 대원 문재현 선사의 별답을 함께 실었다.

200쪽. 5,000원

49. 바로보인 증도가

선종사에 사라지지 않을 발자취로 남은 영가 선사의 증도가를 대원 문재현 선사가 번역하고 법문과 송을 더하였다.

자비의 방편인 증도가의 말씀을 하나하나 쳐가는 선사의 일갈이야말로 영가 선사의 본의중과 일치하여 부합하는 것이라 아니할 수 없다.

376쪽. 10,000원

50. 바로보인 반야심경

이 시대의 야부 선사, 대원 문재현 선사가 최
초로 반야심경에 과목을 붙여 반야심경 내면
에 흐르는 뜻을 밀밀하게 밝혀놓고 거침없는
송으로 들어보였다.

264쪽. 10,000원

51~52. 선(禪)을 묻는 그대에게 (전10권 중 2권)

대원 문재현 선사의 선수행에 대한 문답집.
깨달아 사무친 경지에 대한 밀밀한 점검과,
오후보림에 대한 구체적인 수행법 제시와,
최초의 무명과 우주생성의 원리까지 낱낱이
설한 법문이 담겨 있다.

280쪽, 272쪽. 각권 15,000원

53. 바로보인 선가귀감

선가귀감은 깨닫고 닦아가는 비법이 고스란
히 전수되어 있는 선가의 거울이라 할 만하
다. 더욱이 바로보인 선가귀감은 매 소절마
다 대원 문재현 선사의 시송이 화살을 과녁
에 적중시키듯 역대 조사와 서산대사의 의
중을 꿰뚫어 보석처럼 빛나고 있다.

352쪽. 15,000원

54. 바로보인 법융선사 심명

심명 99절의 한 소절, 한 소절이 이름 그대로 마음에 새겨두어야 할 자비광명들이다.

이 심명은 언어와 문자이면서 언어와 문자를 초월한 일상을 영위하게 하는 주옥같은 법문이다.

296쪽. 12,000원

55. 주머니 속의 심경

반야심경은 부처님이 설하신 경 중에서도 절제된 경으로 으뜸가는 경이다. 대원 문재현 선사의 선송(禪頌)도 그 뜻을 따라 간략하나 선의 풍미를 한껏 담고 있다. 하루에 한 소절씩을 읽고 참구한다면 선 수행의 지름길이 될 것이다.

84쪽. 5,000원

56. 바로보인 법성게

법성게는 한마디로 화엄경의 핵심부를 온통 훤출히 드러내놓은 게송이다. 짧은 글 속에 일체의 법을 이렇게 통렬하게 담아놓은 법문도 드물 것이다.

이렇게 함축된 법성게 법문을 대원 문재현 선사가 속속들이 밀밀하게 설해놓았다.

176쪽. 10,000원

57. 달다 - 전강 대선사 법어집

이제는 전설이 된 한국 근대선의 거목인 전강 선사님의 최상승법과 예리한 지혜, 선기로 넘쳤던 삶이 생생하게 담겨 있는 전강 대선사 법어집 < 달다 > !
전강 대선사님의 인가 제자인 대원 문재현 선사가 전강 대선사님의 법거량과 법문, 일화를 재조명하여 보였다.

368쪽. 15,000원

58. 기우목동가

그 뜻이 심오하여 번역하기 어려웠던 말계 지은 선사의 기우목동가!
대원 문재현 선사가 바른 뜻이 드러나도록 번역하고, 간결한 결문과 주옥같은 선송으로 다시 보였다.

146쪽. 10,000원

59. 초발심자경문

이 초발심자경문은 한문을 새기는 힘인 문리를 터득하게 하기 위하여 일부러 의역하지 않고 직역하였다.
대원 문재현 선사의 살아있는 수행지침도 실려 있다.

266쪽. 10,000원

60. 방거사어록

방거사어록은 선의 일상, 선의 누림을 보여주는 대표적인 선문이다. 역저자인 대원 문재현 선사는 방거사어록의 문답을 '본연의 바탕에서 꽃피우는 일상의 함'이라 말하고 있다. 법의 흔적마저 없는 문답의 경지를 온전하게 드러내 놓은 번역과, 방거사와 호흡을 함께 하는 듯한 '토끼뿔'이 실려 있다.

306쪽. 15,000원

61. 실증설

이 책의 모태는 대원 문재현 선사가 2010년 2월 14일 구정을 맞이하여 불자들에게 불법의 참뜻을 보이기 위해 홀연히 펜을 들어 일시에 써내려간 이 책의 3부이다. 실증한 이가 아니고는 설파할 수 없는 일구 도리로 보인 이 3부와 태초로부터 영겁에 이르는 성품의 이치를 문답과 인터뷰 법문으로 낱낱이 설한 1, 2를 보아 실증하기를…

224쪽. 10,000원

62. 하택신회대사 현종기

육조대사의 법이 중국천하에 우뚝하도록 한 장본인, 하택신회대사의 현종기. 세간에 지해종도로 알려져 있는 편견을 불식시키는 뛰어난 깨달음의 경지가 여기에 담겨있다. 대원 문재현 선사가 하택신회대사의 실경지를 드러내고 바로보임으로써 빛냈다.

232쪽. 10,000원

63. 불조정맥 - 韓·英·中 3개국어판

석가모니불로부터 현 78대에 이르기까지 불
조정맥진영(佛祖正脈眞影)과 정맥전법게(正脈傳
法偈)를 온전하게 갖춘 최초의 불조정맥서.
대원 문재현 선사가 다년간 수집, 정리하여
기도와 관조 끝에 완성한 『불조정맥』을 3개
국어로 완역하였다.

216쪽. 20,000원

64. 바른 불자가 됩시다

참된 발심을 하여 바른 신앙, 바른 수행을
하고자 해도, 그 기준을 알지 못해 방황하는
불자님들을 위해 불법의 바른 길잡이 역할
을 하도록 대원 문재현 선사가 집필하여 출
간하였다.

162쪽. 10,000원

65. 누구나 궁금한 33가지

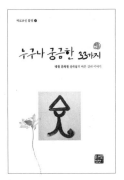

21세기의 인류를 위해 모든 이들이 가장 어
렵고 궁금해 하는 문제, 삶과 죽음, 종교와
진리에 대한 바른 지표를 제시하고자 대원
문재현 선사가 집필하여 출간하였다.

180쪽. 10,000원

66. 108진참회문 - 韓·英·中 3개국어판

전생의 모든 악연들이 사라져 장애가 없어지고, 소망하는 삶을 살게 하기 위해 대원 문재현 선사가 10계를 위주로 구성한 108 항목의 참회문이다. 한 대목마다 1배를 하여 108배를 실천할 것을 권한다.

170쪽. 15,000원

67. 달마의 일할도 허락지 않는다

대원 문재현 선사의 짧고 명쾌한 법문집. 책을 잡는 순간 달마의 일할도 허락지 않는 선기와 맞닥뜨리게 될 것이다. 때로는 하늘을 찌를 듯한 기세와, 때로는 흔적 없는 공기와도 같은 향기를 일별하기를…

190쪽. 10,000원

68. 마음대로 앉아 죽고 서서 죽고

생사를 자재한 분들의 앉아서 열반하고 서서 열반한 내력은 물론 그분들의 생애와 법까지 일목요연하게 수록해놓았다.

446쪽. 15,000원

69. 화두 - 韓·英·中 3개국어판

『화두』는 대원 문재현 선사의 평생 선문답의 결정판이다. 생생하게 살아있는 선(禪)을 한·영·중 3개국어로 만날 수 있다. 특히 대원 문재현 선사의 짧은 일대기가 실려 있어 그 선풍을 음미하는 데에 큰 도움을 주고 있다.

440쪽. 15,000원

70. 바로보인 간당론

법문하는 이가 법리를 모르고 주장자를 치는 것을 눈먼 주장자라 한다. 법좌에 올라 주장자 쓰는 이들을 위해서 대원 문재현 선사가 간당론에서 선리(禪理)만을 취하여 『바로보인 간당론』을 출간하였다.

218쪽. 20,000원

71. 완전한 우리말 불공예식법

부처님께 공양을 올리고 불보살님의 가피를 구하는 예법 등을 총칭하여 불공예식법이라 한다. 대원 문재현 선사가 이러한 불공예식의 본뜻을 살려서 완전한 우리말본 불공예식법을 출간하였다.

456쪽. 38,000원

72. 바로보인 유마경

유마경은 가히 불법의 최정점을 찍는 경전이라 할 것이니, 불보살님이 교화하는 경지에서의 깨달음의 실경과 신통자재한 방편행을 보여주는 최상승 경전이다. 대원 문재현 선사가 < 대원선사 토끼뿔 >로 이 유마경에 걸맞는 최상승법을 이 시대에 다시금 드날렸다.

568쪽. 20,000원

73. 실증설 5개국어판 - 韓·英·佛·西·中

대원 문재현 선사가 불법의 참뜻을 보이기 위해 홀연히 펜을 들어 일시에 써내려간 실증설! 실증한 이가 아니고는 설파할 수 없는 도리로 가득한 이 책이 드디어 영어, 불어, 스페인어, 중국어를 더하여 5개국어로 편찬되었다.

860쪽. 25,000원

74. 누구나 궁금한 33가지 3개국어판 - 韓·英·中

누구라도 풀어야 할 숙제인 33가지의 의문에 대한 답을 21세기의 현대인에게 맞는 비유와 언어로 되살린 『누구나 궁금한 33가지』가 한글, 영어, 중국어 3개국어로 출간되었다.

408쪽. 15,000원

75. 달마의 일할도 허락지 않는다 3개국어판 - 韓·英·中

대원 문재현 선사의 짧고 명쾌한 법문집인 『달마의 일할도 허락지 않는다』가 한글, 영어, 중국어 3개국어로 출간되었다. 전세계에서 유일하게 활선의 가풍이 이어지고 있는 한국, 그 가운데에서도 불조의 정맥을 이은 대원 문재현 선사가 살활자재한 법문을 세계로 전하고 있는 책이다.

308쪽. 15,000원

76~82. 화엄경 (전81권 중 7권)

대원 문재현 선사는 선문염송 30권, 전등록 30권을 모두 역해하여 세계 최초로 1,463칙 전 공안에 착어하였다. 이러한 안목으로 대천세계를 손바닥의 겨자씨 들여다보듯 하신 불보살님들의 지혜와 신통으로 누리는 불가사의한 화엄세계를 열어 보였다.

206, 256, 264, 278, 240, 288, 276쪽.

각권 15,000원

83. 법성게 3개국어판 - 韓·英·中

법성게는 한마디로 화엄경의 핵심부를 훤출히 드러내놓은 게송으로 짧은 글 속에 일체법을 고스란히 담아 놓았다. 대원 문재현 선사의 통쾌한 법성게 법문이 한영중 3개국어로 출간되었다.

376쪽. 15,000원

법문 MP3를 주문판매합니다

부처님의 78대손이신 대원(大圓) 문재현(文載賢) 전법선사님의 법문 MP3가 나왔습니다. 책으로만 보아서는 고준하여 알기 어려웠던 선문(禪文)의 이치들이 자세히 설하여져 있어서, 모든 궁금증을 시원하게 풀어줄 것입니다.

- 천부경 : 15,000원
- 신심명 : 30,000원
- 현종기 : 65,000원
- 기우목동가 : 75,000원
- 반야심경 : 1회당 5,000원 (총 32회)
- 선가귀감 : 1회당 5,000원 (총 80회)

- 금강경 : 40,000원
- 법성계 : 10,000원
- 법융선사 심명 : 100,000원

대원 선사님 작사 노래 CD 주문판매합니다

가슴으로 부르는
불심의 노래

1. 서 원 가 (3:36)
2. 반조 염불가 (4:00)
3. 소중한 삶 (2:30)
4. 석가모니불 (4:52)
5. 명서의 노래 (4:25)
6. 염원의 노래 (3:25)
7. 음성 공양 (3:51)
8. 발 심 가 (3:05)
9. 자비의 품 (4:10)
10. 부처님 은혜(첫 번째) (4:34)

11. 보살의 마음 (3:50)
12. 이 생에 해야 할 일 (3:08)
13. 구도의 목표 (3:15)
14. 님은 아시리 (3:42)
15. 부처님 은혜(두 번째) (4:34)
16. 성중성인 오셨네 (3:10)
17. 내 문제는 내가 풀자 (2:38)
18. 즐거운 밤 (2:27)
19. 관 음 가 (2:48)

• 가격 : 2만 원

가슴으로 부르는
불심의 노래 2

1. 부 처 님 (4:01)
2. 열반재일 (3:09)
3. 성도재일 (4:00)
4. 석굴암의 노래 (3:19)
5. 님의 모습 (3:15)
6. 믿고 따르세 (2:55)
7. 신명을 다하리 (4:17)
8. 부처님께 바치는 마음 (3:49)
9. 감사합니다 (3:10)
10. 교 화 가 (4:30)

11. 성전강 소초 (3:08)
12. 관 수 가[1] (3:02)
13. 관 수 가[2] (3:02)
14. 우란분재일 (3:38)
15. 고맙습니다 (2:31)
16. 믿음으로 여는 세상 (3:05)
17. 출가재일 (2:44)
18. 염 원 (2:52)
19. 우리네 삶, 고운 수로 (2:35)
20. 숲속의 마음 (2:33)

• 가격 : 1만 5천 원

문의 전화 ☎ 031-534-3373

유튜브에서 채널 구독하시고
무료로 찬불가 앨범을 감상하세요

유튜브에서 MOONZEN을 검색하시거나
아래의 주소로 접속해주세요

http://www.youtube.com/user/officialMOONZEN